창의, 혁신, 인간

창의 혁신 인간

고재연 · 배현기
지음

일러두기

- 외국 인명·지명·독음 등은 국립국어원 외래어표기법을 따르되 관용적으로 쓰이는
  표현은 통용되는 명칭을 따랐다.
- 본문에 소개된 단행본·잡지는 『』로, 이외 논문·일간지·매체명·노래 등은 「」로 묶어
  표기하였다.

추천사

저자는 지급결제 분야에서 오랜 기간 헌신하며, 누구보다 현장을 깊이 이해하고 창의적 혁신을 실천해 온 전문가다. 금융결제원에서 함께 근무하며 지켜본 그는 언제나 문제를 새로운 시각에서 바라보고, 실질적인 해법을 제시하며 조직에 활력을 불어넣는다.

이 책은 그러한 그의 경험과 통찰이 집약된 결과물이다. 특히 창의·혁신·성장의 연결고리를 정확히 짚어내고, 이를 누구나 이해할 수 있도록 쉽고 명확하게 정리한 점이 인상적이다. 무엇보다 이 세 가지 요소를 농부의 관점에서 설명한 비유는 매우 신선했다. 씨앗을 뿌리고 가꾸어 열매를 수확하는 과정에 빗대어 설명한 부분은 누구나 알고 있다고 생각하는 추상적 개념을 직관적으로 이해하도록 돕는, 이 책의 큰 매력이다.

또한 금융결제원이 국민에게 제공하는 다양한 서비스 역시 창의·혁신·성장의 맥락에서 발전해 왔다는 사실은 이 책의 메시지와 맞닿아 있다. 저자의 통찰은 금융결제원의 서비스 철학과 일맥상통하며, 현장의 경험이 고스란히 녹아 있어 독자에게 깊은 공감을 이끌어낸다.

더 나아가 직업 위기의 시대를 살아가는 젊은 세대에게도 묵직한 메시지를 던진다. 특히 저자가 강조하는 '생각하는 사람의 시대 부활'이라는 화두는 매우 중요하다. 앞으로의 부와 권력이 '정보'에서 '생각하는 사람'으로 이동한다는 것을 일깨워준다. 이는 큰 조직을 이끄는 자리에 있는 나에게도 리더십의 의미에 대해 다시금 깊이 고민하게 만들었다. 불확실한 환경 속에서도 창의와 혁신을 통해 성장의 길을 열 수 있다는 저자의 확신은, 기업인뿐 아니라 학생과 연구자 그리고 사회 각계의 리더들에게도 영감을 제공한다. 미래 사회를 준비하는 모든 이에게 이 책은 경영서 이상으로 삶의 든든한 나침반이 될 것이다. 금융결제원 동료이자 원장으로서 이 책을 자신 있게 추천한다.

— 박종석(금융결제원 원장)

저자는 지급결제 분야에서 30년 이상 몸담아 온 전문가로, 복잡하고 불편했던 전자적 인증 절차를 주 사용자인 국민의 관점에서 다시 바라보고 창의와 혁신을 통해 안전하면서도 편리한 금융인증서로 변화시킨 주역이다. 무엇보다 이 책은 불확실한 미래와 빠르게 변화하는 환경 속에서 주어진 과제의 해법을 찾기 어려운 사람들에게 창의와 혁신에 관한 명쾌한 메시지와 유용한 지침을 전한다. 이 책은 저자의 오랜 현장 경험과 통찰이 담긴 실천의 지혜서이기도 하다.

무엇보다 일자리 위기의 시대를 살아가는 많은 사람에게 실천적 깨달음과 생존의 열쇠를 전해줄 것이다. 불확실한 환경 속에서도 창의와 혁신을 통해 성장의 길을 열 수 있다는 저자의 확신은, 기업인뿐 아니라 개인에게도 큰 울림을 준다.

저자는 늘 '작은 변화가 큰 혁신을 만든다'라는 믿음을 행동으로 보여주었고, 그 철학이 이 책 전반에 녹아 있다. 단순한 이론서가 아닌 현장에서 바로 활용 가능한 살아 있는 지혜를 담고 있기에, 기업은 물론 더 큰 도약을 꿈꾸는 모든 조직과 개인에게 일독을 권한다.

— 김학수(넥스트레이드 대표)

저자는 30년이 넘는 현장 경험을 토대로, 창의와 혁신이 어떻게 실제 성장으로 이어지는지를 명쾌하게 설명한다. 카이스트KAIST에서 인공지능을 연구하고 가르치는 교수로서, 기술과 사회가 빠르게 변하는 시대에 필요한 것은 단순한 지식의 축적이 아니라 창의·혁신·성장의 연결고리를 제대로 짚어내는 통찰이라고 생각한다. 이 책은 바로 그 본질을 정확히 담아냈다.

처음에는 이 책을 자기계발서로 이해했으나 책장을 넘길수록 인문학적 관점에서 창의·혁신·성장을 풀어낸 점이 놀라웠다. 또한 이 책은 그 세 가지의 사전적 정의를 나열하는 데 그치지 않고, 저자의 풍부한 현장 경험이 고스란히 녹아 있어 독자에게 생생한 현실감과 울림을 준다.

이 책은 미래 사회에 눈부신 성과와 성장을 꿈꾸는 이들이 갖춰야 할 가장 중요한 덕목과 조건을 이야기한다. 학문과 산업의 경계를 넘어, 더 넓은 세상으로 나아가려는 모든 사람을 위한 필독서다.

— 신인식(카이스트 전산학부 교수)

이 책은 수십년간 현장에서 풍부한 경험과 성과를 쌓아온 저자만의 관점에서 창의와 혁신을 이해하고, 현실의 언어로 풀어내며, 어떻게 창의와 혁신을 통해 성장을 이끌어낼 수 있는지를 보여준다. 나 역시 제조 분야 기업을 이끌며 한정된 자원과 치열한 경쟁 속에서 새로운 돌파구를 모색해야 하는 과제와 늘 마주한다. 이 책은 그런 현실적인 고민에 해법을 제시해 주며, 그 시작은 창의와 혁신에 대한 올바른 이해에서 비롯된다는 깨달음을 얻게 한다.

특히 인상 깊었던 점은 창의와 혁신을 매우 쉽게 정의하여 누구나 이해하고 실천할 수 있도록 놀라울 만큼 쉽고 명료하게 풀어냈다는 점이다. 추상적인 개념을 삶의 언어로 바꾸어 이야기하여 책을 덮는 순간 머리가 아닌 가슴으로 이해된 통찰이 남았다. 창의와 혁신을 통해 성장의 길을 찾고자 하는 모든 이에게, 그리고 매일 같이 새로운 해법을 찾아 분투하는 모든 경영자에게 이 책을 강력히 추천한다.

— 정명석((주)창명 회장, 카이스트 K-CAMP 26기)

이 책을 읽고 '생각하는 사람의 시대가 다시 돌아왔다'는 확신을 강하게 느꼈다. 기술의 발전이 모든 것을 대신해 주는 듯 보이지만, 결국 변화의 중심에는 언제나 스스로 사고하고 새로운 길을 발견하는 인간의 힘이 있기 때문이다. 이 책은 바로 그 본질을 정확하게 짚어낸다.

특히 저자의 메시지가 교육 현장에서 마주하는 고민과 너무도 닮아 있다는 사실에 놀랐다. 단순한 개념 설명을 넘어, 저자의 오랜 경험과 깊은 통찰이 살아 숨 쉬듯 녹아 있어 읽는 내내 교육자로서 마음 깊이 와닿는 울림이 있었다.

오늘날 학생들은 지식을 얼마나 많이 가지고 있는가보다 어떤 관점으로 생각하고, 무슨 문제를 어떻게 바라보는가가 더 중요해진 시대를 살고 있다. 피할 수 없는 숙명인 AI보다 더 많은 지식을 보유하거나 빠른 속도로 학습하는 일이 불가능한 시대에 빠르게 변하는 환경 속에서 살아남기 위해서는 암기보다 사고력, 정답 찾기보다 질문하는 힘이 필요하다. 이 책이 말하는 창의와 혁신은 바로 그 힘을 키우는 과정이며, 이는 교육이 지향해야 할 핵심 가치와도 완전히 맞닿아 있다.

이 책에 담긴 창의와 혁신에 관한 이야기는 학생·교사·학부모 누구나 자연스럽게 이해하고 일상에서 바로 실현할 수 있는 실천적 지침이다. 이 책은 "누구나 창의적일 수 있다!"는 믿음을 구체적으로 보여주며, 미래를 준비하는 우리 아이들에게도 자신의 생각으로 세상을 바꿀 수 있다는 용기를 준다.

생각하는 사람의 시대가 다시 시작된 지금, 우리와 미래 세대가 어떤 힘을 갖추어야 하는지, 그리고 교육이 어떤 방향으로 나아가야 하는지를 다시 돌아보게 해준다. 미래 세대를 책임지는 교육 현장에 있는 모든 분에게 이 책을 진심을 담아 추천한다.

— 임남철(지트에듀케이션 대표)

AI를 이길 유일한 힘,
'창의, 혁신, 인간'

'창의creativity'와 '혁신innovation'이란 무엇일까요?

분명 낯설거나 어렵지 않은 단어입니다. 하지만 막상 그 의미를 물으면 사람마다 다른 대답이 돌아옵니다. 누군가는 예술적 상상력을 말하고, 또 다른 이는 기술의 발전을 떠올립니다. 모두가 아는 듯하지만, 정확히 정의하지 못하는 단어, 그것이 바로 창의와 혁신이 가진 흥미로운 속성입니다.

우리는 매일 도처에서 "창의적으로 생각하라!" 또는 "혁신이 필요하다."라는 말을 듣습니다. 그러나 그 말의 진정한 의미를 일상과 업무 속에서 실천하는 일은 생각보다 훨씬 어렵습니다. 어쩌면 우리는 너무 많은 슬로건 속에서 창의와 혁신의 '본질'을 잊은 채 살아가고 있는지도 모릅니다. 이 책은 바로 그 본질을 향한 질문에서 출발했습니다.

"창의란 무엇인가?"

"혁신은 어디에서 비롯되는가?"

"창의와 혁신은 어떻게 우리 일상과 경제를 바꾸는가?"

우리 두 저자는 오랜 시간 금융과 경제 현장에서 변화를 지켜보며 이 물음의 실마리를 찾아 나섰습니다. 숫자와 데이터로만 움직이는 듯 보이는 금융 산업은 사실 가장 인간적이고 창의적인 영역이기도 합니다. 새로운 결제 기술이 탄생할 때마다 사람들의 생활방식이 달라지고, 작은 아이디어 하나가 거대한 시장을 바꾸기도 합니다. 그 과정의 중심에 언제나 '창의와 혁신'이 있습니다.

그림 1 | 결제 수단 진화 7단계

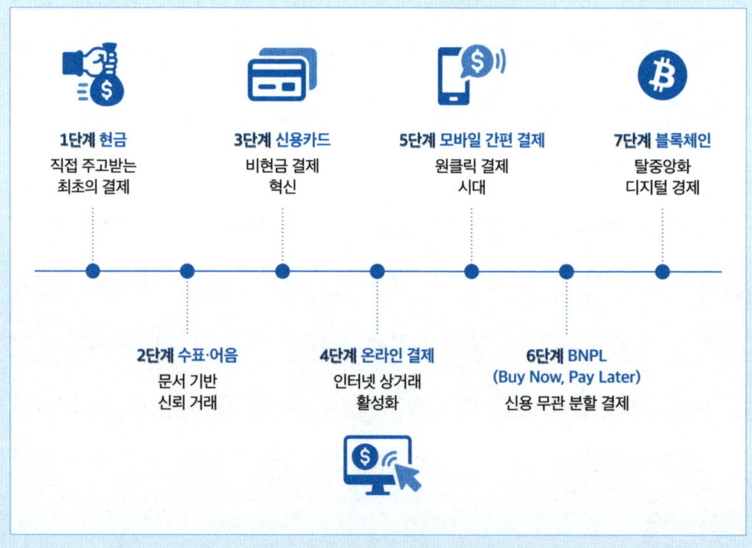

한국 경제의
성장 엔진을 기억하라

한국은 '한강의 기적'이라는 이름으로 불릴 만큼 눈부신 성장을 이뤄 낸 나라입니다. 불과 반세기 전만 해도 해외에서 원조를 받던 나라가 이제는 원조를 주는 나라가 되었습니다. 그 힘의 근원은 무엇일까요? 성실하고 부지런한 국민성과 높은 교육열, 정부의 전략적 정책 등 많은 요인이 있었겠지만 그 모든 것 위에 놓인, 보이지 않는 동력이 바로 '창의'와 '혁신'이었습니다. 틀에 갇히지 않고 새로운 해답을 찾으려는 정신과 실패를 두려워하지 않고 다시 도전하려는 용기, 그것이야말로 한국 경제를 빠르게 일으킨, 보이지 않는 엔진이었습니다.

지금 우리는 또 다른 전환점에 서 있습니다. 인공지능AI(이하 AI)이 세상의 규칙을 다시 쓰고, 산업의 경계가 빠르게 허물어지고 있습니다. 기술의 발전이 인간의 상상 속도를 앞질러 가는 시대, 이제 단순히 새로운 기술을 도입하는 것만으로는 경쟁력을 확보할 수 없습니다. 기술을 통해 인간의 가치를 확장하고, 인간의 창의력을 통해 기술의 방향을 결정하는 일이야말로 지금 우리가 마주한 과제입니다.

『창의, 혁신, 인간』은 이 시대를 살아가는 독자들에게 하나의 나침반이 되기를 바랍니다. AI 시대에 필요한 것은 새로운 기계가 아니라 '새로운 인간의 사고방식'입니다.

　창의는 더 이상 예술가나 발명가의 전유물이 아니며, 혁신은 거대 기업의 전유물이 아닙니다. 평범한 일상 속에서도 누구나 창의적으로 사고하고, 더 나은 방향으로 변화를 만들어낼 수 있습니다. 그 힘이 개인의 삶을 바꾸고, 기업의 문화를 바꾸며, 결국 한 나라의 경제를 바꾸는 씨앗이 됩니다.

　따라서 이 책은 거창한 이론서가 아닙니다. 그러나 현실의 문제를 새로운 눈으로 바라보는 법을 다룹니다. 시장의 변화 속에서 인간의 상상력이 어떻게 작동하는지, 한 번의 발상이 어떻게 산업 전체를 재편하는지 그리고 우리가 일상 속에서 어떤 방식으로 창의와 혁신을 훈련할 수 있는지를 탐구합니다.

　본격적으로 시작하기에 앞서, 이 책의 주된 서술은 창의와 혁신의 이해와 방법론을 오래 연구해왔으며, 금융결제원에서 오랜 시간 몸 담아 일하며 얻은 현장에서의 통찰을 담은 고재연 저자의 관점에서 쓰였음을 밝힙니다.

　이 책을 읽어야 하는 이유는 분명합니다. 지금 세상은 더 이상 정답을 잘 아는 사람이 아니라 '새로운 질문을 던질 줄 아는 사람'을 필요로 합니다. 변화를 두려워하기보다 그 안에서 기회를 찾을 수 있는 사람, 기존의 틀을 넘어 새로운 질서를 만들어 낼 수 있는 사람… 이들이 바로 미래를 이끌어갈 성공자입니다.

이 책이 그 출발점에서 독자 여러분의 '생각'에 불을 지피는 점화선이 되길 바랍니다.

2026년 4월

고재연, 배현기

차례

1장   지금, 창의와 혁신이 중요한 이유

2장   본질을 꿰뚫어 미래를 바꾸다: 창의의 힘

지금,
창의와 혁신이
중요한 이유

——

1장

우리는 창의와 혁신의 DNA를 가지고 있다.

홍익인간에 숨겨진 그 뿌리와 함께, 창의와 혁신의 본질과 원리를

들여다 보고 경제를 중심으로 그 중요성을 살펴본다.

우리는 창의와 혁신의 DNA를 가지고 있다.

홍익인간에 숨겨진 그 뿌리와 함께, 창의와 혁신의 본질과 원리를

들여다 보고 경제를 중심으로 그 중요성을 살펴본다.

홍익인간 속
창의와 혁신 DNA

창의와 혁신은 어디서 시작되었을까요? 대부분의 사람은 '창의'를 말하면 르네상스의 예술가를, '혁신'을 말하면 산업혁명의 발명가를 떠올립니다. 마치 이 두 가지가 서구에서 탄생해 세계적으로 확산된 개념처럼 인식합니다. 그러나 정말 그럴까요? 우리는 그저 이 개념들을 수입해 사용하는 후발 주자에 불과한 걸까요? 아니면 우리 안에도 오래전부터 창의와 혁신의 씨앗이 내재되어 있었던 걸까요? 한국인의 정신적 뿌리를 들여다보면, 그 답은 이미 오래전에 제시되어 있습니다. 바로 "널리 인간을 이롭게 한다."라는 건국 이념 '홍익인간弘益人間'입니다.

단군 신화 속 환웅이 세상을 다스리기 위해 세운 이 이념은 국가 통치 철학을 넘어 인류 전체를 향한 포용적 비전이었습니다. 『삼국유사三國遺事』와 『제왕운기帝王韻紀』에 전해지는 이 사상은 동서양을 막론하고 찾아보기 힘든, 보편적 인류애와 실천적 창의 정신의 원형이라 할 수 있습니다.

홍익인간의 핵심은 '사람'과 '이로움'입니다. 보다 더 많은 사람을, 보다 더 넓게, 보다 더 깊이 이롭게 하는 것. 이는 단순한 도덕 명제가 아니라 창의의 근본 원리입니다. 창의는 새로운 생각을 만들어 내는 능력일 뿐 아니라 그 생각이 인간의 삶을 풍요롭게 하는 방향으로 실현될 때 비로소 의미를 갖기 때문입니다. 이로움을 주지 않는 창의는 공허한 상상에 불과합니다.

이런 의미에서 창의를 표현한 영단어 'Creation'은 흥미로운 시사점을 줍니다. 바로 '무엇을 만들 것인가(what)'와 '어떻게 만들 것인가(how)'의 결합이 창의의 구조라는 사실을 말입니다. '무엇'은 사람들에게 제공하는 가치와 이로움이며, '어떻게'는 그것을 구현하는 기술과 제도, 즉 혁신의 영역입니다. 결국 창의란 사람을 이롭게 하는 새로운 생각이고, 혁신이란 그 생각을 실천으로 옮기는 과정인 셈입니다. 이 둘이 결합할 때 비로소 세상을 변화시키는 진정한 힘이 발휘됩니다.

그렇다면 홍익인간은 단지 신화 속 문장에 머무는 사상이 아님니다. 그것은 우리 민족의 문화적 DNA이자 수천 년 동안 이어져 온 창의와 혁신의 원형입니다. 돌이켜보면 한국인들은 늘 새로운 것을 받아들이고, 변화를 우리만의 방식으로 재창조하는 민족이었습니다. 외래 문명을 배워도 그대로 모방하지 않고, 한글처럼 세계에 유례없는 독창적인 체계를 만들어 냈습니다. 농경사회에서 산업사회로, 산업사회에서 디지털사회로의 전환기마다 우리는 빠르게 적응하며 새로운 길을 개척해 왔습니다.

이제는 다시금 이 오래된 사상을 새롭게 해석할 때입니다. 홍익인간은 과거의 구호가 아니라 미래를 향한 가장 인간적인 비전입니다. 사람을 중심에 두고, 사람을 이롭게 하는 방향으로 기술과 경제를 이끄는 일이 바로 '21세기형 창의'이며, 우리가 추구해야 할 진정한 '혁신'입니다. 우리 한국인이 창의적이고 혁신적인 이유는 서구의 역사를 모방해서가 아니라 민족성의 근원에 '사람을 위한 창의'라는 철학이 뿌리내리고 있기 때문입니다. 따라서 창의와 혁신의 출발점은 멀리 있지 않습니다. 그것은 이미 우리의 언어와 정신 그리고 일상의 깊은 곳에서 오랜 세월 동안 숨 쉬어 왔던 것입니다.

오늘날 한국 경제를 이룬 힘, '창의적 개선'

우리나라의 산업화는 6·25 전쟁 이후 1960년대 초반, '경제 개발 5개년 계획'이 추진되면서 본격적으로 시작되었습니다. 전쟁은 모든 것을 무너뜨렸습니다. 그나마 있던 산업 기반은 폐허가 되었고, 국민은 하루하루의 끼니를 걱정해야 했습니다. 생존이 유일한 목표였던 시대, 그 절망의 밑바닥에서 우리는 다시 일어섰습니다. 불과 70여 년 전인 1953년 당시 한국의 1인당 GDP는 67달러에 불과했습니다. 그러나 2024년에는 1인당 GDP가 약 36,000달러를 넘어섰습니다. 이는 불과 1.5세대만에 540배 성장한 기적 같은 일입니다. 이 급격한 성장의 배경에는 단지 국가 정책만이 아니라 창의와 혁신으로 무장한 국민의 의지와 상상력이 있었습니다.

1960년대, 한국 정부는 중화학공업 육성과 수출주도형 경제 전략을 내세우며 국가 재건의 길을 열었습니다. 그러나 '계획'만으로 국가가 성장하지는 않습니다. 계획을 현실로 이룬 것은 바로 사람, 즉 창의적으로 문제를 해결한 국민들이었습니다. 기계도, 자원도, 자본도 없던 시절, 우리는 갖지 못한 것들을 '만들어 내는 법'을 배웠습니다. 외국의 기술을 단순히 모방하지 않고, 우리 현실에 맞게 개량하고 변형하며 새로운 해답을 찾아냈습니다. 바로 '창의적 모방creative imitation'의 시대였습니다.

1970년대 초까지 해도 한국 자동차는 거의 모든 부품을 전량 수입에 의존해야 했습니다. 이에 현대자동차는 국산 승용차를 만들겠다는 목표로 '포니Pony' 모델 개발에 착수했습니다. 당시만 해도 국내에 자동차 설계 기술조차 없었기 때문에 기술자들은 해외 기업의 도면을 참고하며 부품 하나하나를 직접 시험·제작해야 했습니다. 엔진, 변속기, 차체 등 거의 모든 부품이 시행착오의 결과물로 탄생했고, 심지어 부품 소재를 확보하기 위해 철판 성분 분석까지 자체적으로 진행했을 정도였습니다. 그 모든 과정이 바로 '창의적 모방'에서 일명 '창의적 창조'로의 전환을 상징합니다.

1983년, 삼성은 '우리 손으로 메모리 반도체를 만들겠다'는 결단을 내렸습니다. 반도체 설비와 기술 모두 선진국의 전유물이던 시절이었습니다. 그러나 고 이병철 회장의 '불가능은 없다' 선언 아래, 연구진은 공정 도면조차 부족한 상황에서 밤샘 실험을 반복하며 64K 디램DRAM을 개발했습니다. 결국 한국 반도체 산업의 출발점이 되었고, 이후 세계 1위의 토대를 마련할 수 있었습니다.

이러한 과정에서 수많은 실패가 있었지만, 그 실패 하나하나가 기술의 밑거름이 되었습니다. 대한민국의 산업화는 이렇게 거대한 자본보다 현장에서 몸으로 생각하고 손으로 창조한 국민의 창의력 위에서 이뤄졌습니다.

금융결제원에서 근무하며 개도국을 대상으로 지급결제 시스템 컨설팅을 수행했을 때, 과거 한국의 모습을 떠올리지 않을 수 없었습니다. 아직도 세상에는 교육과 생계 사이에서 고통스러운 선택을 해야 하는 사람들이 많습니다. 그들의 삶은 1960~70년대 한국의 초상을 닮아 있습니다. 다만 당시 우리는 절박함 속에서도 문제를 해결하려는 창의의 힘을 발휘했습니다. '살아남기 위한 창의'가 '세계를 바꾸는 창의'로 성장한 것입니다.

이 점이 단순한 경제 성장과 창의의 차이를 가릅니다. 경제는 정책으로 움직이지만, 혁신은 사람의 의식이 변할 때 비로소 시작됩니다. 대한민국의 산업화는 바로 그 '의식의 진화' 역사였습니다.

1970년대, 한국 산업은 또 한 번의 도약을 맞았습니다. 노동력 중심의 산업 구조에서 벗어나 자동차, 조선, 반도체 등 고도기술 산업으로의 전환이 이루어졌습니다. 당시 국내에는 기술 기반이 거의 없었기에 해외 기술에 의존해야 했습니다. 그러나 그 기술을 그대로 사용하는 대신 우리는 '더 빠르고, 더 싸고, 더 효율적인 방식'을 찾아냈습니다. 이 과정에서 '창의적 개선creative improvement'이라는 한국적 산업화 방식이 탄생했습니다. 한국의 엔지니어와 기술자들은 도면 한 장 없이도 현장에서 문제를 풀어냈고, 그 실용적 창의력은 국가 경쟁력의 뿌리가 되었습니다.

AI 시대, 다시 창의를 묻다

1990년대는 인터넷이 세상을 바꾼 시기였습니다. 정보기술IT(이하 IT) 확산은 산업의 개념 자체를 재정의했습니다. 한국은 이 변화의 파도 속에서도 빠르게 방향을 잡았습니다. 정부와 민간이 협력해 초고속통신망을 구축했고, 이는 이후 전자상거래·핀테크·게임·모바일 산업으로 이어지는 디지털 창의의 생태계를 만들어냈습니다.

우리는 더 이상 기술을 배우는 나라가 아니라 세계를 가르치는 나라가 되었습니다. 이것이 대한민국 산업화의 두 번째 진화이자, '창의의 산업화'에서 '산업의 창의화'로 나아간 순간이었습니다.

　그러나 오늘날, 우리는 또 다른 한계에 부딪혀 있습니다. AI 시대가 열렸지만, 역설적으로 국가 성장의 속도는 둔화하고 있습니다. 트럼프 2기 행정부 이후 본격화된 보호무역과 기술 블록화, 동맹국 간 기술 공유의 통제는 한국의 전통적인 성장 모델, 즉 선진국 기술의 도입과 응용을 더 이상 유효하지 않게 만들고 있습니다. 외부로부터 기술을 받아들이는 시대가 끝나가고 있는 것입니다.

　이제 우리 눈앞에 놓인 과제는 분명합니다. 더 이상 '남의 기술을 잘 쓰는 나라'가 아니라 '새로운 기술을 창조하는 나라'로 거듭나야 합니다. 그리고 그 출발점은 기술이 아니라 사람, 즉 창의적 사고의 회복입니다. AI가 인간의 노동을 대체할 수는 있어도 인간의 상상력과 문제해결력만큼은 대체할 수 없습니다. 그렇기에 지금 이 시점에서 우리는 다시 "무엇이 한국을 지금의 모습까지 이끌었는가?"라는 근원적인 질문을 던져야 합니다. 그 답은 명확합니다. 사람을 이롭게 하겠다는 창의의 정신, 그 오래된 철학이 대한민국의 산업화를 가능하게 했고, 미래의 대한민국을 다시 일으킬 힘 또한 그 속에 있습니다.

미래의 성공 열쇠는 우리 DNA에 있다

　오늘날 우리는 그 어느 때보다도 치열한 경쟁의 한가운데 서 있습니다. 기술은 하루가 다르게 발전하지만, 정작 우리만의 색깔로

빛나는 제품과 서비스를 만들어 내는 일은 점점 더 어려워지고 있습니다. 탈세계화와 기술 블록화의 흐름 속에서 세계 각 국은 기술 수출을 제한하고 자국의 산업 보호를 강화하고 있습니다. 이제는 남의 것을 배우는 것만으로는 더 이상 성장할 수 없습니다. 따라서 우리 스스로의 창의로 미래를 설계해야 할 때입니다.

한국은 과거에도 기적을 일으킨 나라였습니다. 건국 이념 홍익인간의 정신 아래, 정부의 전략적 계획과 기업의 도전정신 그리고 국민 개개인의 창의와 근면이 어우러져 가장 가난한 나라에서 세계가 주목하는 부유한 나라로 도약했습니다. 그런데 지금, 우리는 그때의 지혜를 다시 꺼내야 할 시점에 서 있습니다. 미래의 경쟁은 더 이상 자본이나 인력의 규모로 결정되지 않습니다. 창의와 기술 그리고 그 결합에서 비롯되는 혁신이 국가와 기업의 운명을 좌우할 것입니다.

앞으로의 시대는 산업 간 경계가 사라지는 시대입니다. 에너지기업이 IT기업이 되고, 제조업이 서비스업으로 변모합니다. 이러한 환경에서 국가의 역할은 단순한 지원을 넘어 창의가 흐를 수 있는 생태계를 설계하는 일이 되어야 합니다. 정부는 기술의 '수입자'가 아닌 '창의의 촉진자'가 되어야 합니다. 교육, 연구, 산업, 문화가 유기적으로 연결되는 구조, 즉 '인간의 상상력'을 중심에 둔 국가 전략이 필요합니다.

기업의 경쟁력은 이제 단순한 효율이 아니라 개성의 문제가 되었습니다. 제품이 아무리 뛰어나도, 그 안에 담긴 철학과 스토리가 없다면 소비자는 마음을 움직이지 않습니다. 따라서 기업은 기술 개발만큼이나 브랜드의 정체성과 철학적 메시지를 창의적으로 설계해야 합니다. 21세기형 혁신은 단순한 신제품 출시가 아니라 '우리는 왜 이 일을 하는가'라는 질문에 대한 답을 만들어 내는 과정입니다. 그 답이 명확한 기업만이 세계시장에서 살아남을 것입니다.

중요한 것은 창의가 거대한 기관에서만 태어나는 것이 아니라는 사실입니다. 한 사람의 생각, 단 한 명의 실험정신이 때로는 국가의 산업 구조를 바꾸기도 합니다. AI 시대를 살아가는 개인에게 요구되는 것은 기술을 완벽히 이해하는 능력이 아니라 '기술을 인간적으로 재해석할 줄 아는 감각'입니다. 그 감각이 곧 창의입니다. 따라서 개인 역시 소비자로 머물지 말고, 작은 영역에서라도 생산자이자 창조자로 참여해야 합니다.

우리는 이미 그 토양을 갖고 있습니다. 우리의 역사에는 위기마다 새로운 해답을 만들어낸 창의의 DNA가 흐르고 있습니다. 이제 필요한 것은 이를 현대적으로 되살리는 일입니다. 다시 한번 '사람을 이롭게 하는 창의'를 사회 곳곳에서 발현하게 할 때, 한국은 제2의 국가 부흥기를 맞이할 것입니다. 이는 더 이상 선택이 아니라 미래를 지키기 위한 생존 조건입니다.

산업혁명이 말하는 '혁신의 힘'

혁신이야말로 리더와 추종자를 구분 짓는다.

-스티브 잡스

이제 창의와 혁신이라는 두 개념과 그 중요성을 좀 더 구체적으로 이해해 봅시다. 이 두 개념은 오늘날 세상에서 가장 많이 쓰이지만, 정작 그 의미를 명확히 설명하기는 쉽지 않습니다. 우선 사전적 정의부터 살펴보며 출발해 보겠습니다.

창의란 무엇인가

창의성創意性, creativity은 새로운 생각이나 개념을 발견하거나 기존의 생각을 새롭게 조합하여 전혀 다른 아이디어를 만들어 내는 특성입니다. 다시 말해, 기존의 질서를 넘어 새로운 가능성을 여는 인간의 능력입니다. 또한 창의에는 몇 가지 핵심 요소가 있습니다.

- 독창성Originality: 기존에 없던 방식을 제시하는 능력
- 유창성Fluency: 다양한 관점에서 풍부한 아이디어를 생성하는 능력
- 융통성Flexibility: 사고의 틀을 깨고 여러 방향으로 사고하는 능력
- 문제해결력Problem-solving: 새로운 관점에서 해결책을 도출하는 능력

이 요소들의 정의에 따르면, 창의란 단순히 '새로운 생각을 해내는 능력'으로 이해될 수 있습니다. 하지만 여전히 어딘가 추상적입니다. 그저 머릿속에서만 이루어지는 생각의 움직임으로 느껴집니다. 그렇다면 여기에 사람과 이로움이라는 개념을 결합해 보겠습니다. 창의는 '사람을 이롭게 하는 새로운 생각'이라고 정의할 수 있습니다. 그 생각이 개인의 삶을 바꾸고, 사회의 구조를 바꾸며, 더 넓게는 인류 전체에 긍정적인 영향을 미칠 수 있다면 그것이야말로 진정한 창의라 할 수 있습니다.

이 관점에서 보면, 우리의 건국 이념인 홍익인간은 창의의 철학적 원형입니다. "널리 인간을 이롭게 한다."라는 말 속에는 단순한 도덕적 이상이 아니라 인류의 문제를 해결하려는 실천적 창의정신이 담겨 있습니다. 우리 민족은 이미 수천 년 전부터 '사람을 위한 창의'를 실천해 온 셈입니다.

혁신이란 무엇인가

이제 혁신革新, innovation의 의미를 살펴보겠습니다. 혁신은 사물이나 생각, 제도나 시스템에 점진적 혹은 급진적 변화를 일으키는 과정을 뜻합니다. 단순한 개선이 아니라 새로운 가치와 효율성을 창출하는 근본적 변화를 의미합니다. 혁신은 다양한 영역에서 나타납니다.

- 기술 혁신: 새로운 기술의 개발과 적용(스마트폰, AI, 블록체인 등)
- 비즈니스 혁신: 새로운 사업모델의 등장(공유경제, 구독서비스 등)
- 사회 혁신: 제도와 구조의 근본적 변화(원격근무, 친환경 정책 등)

결국 혁신은 창의가 현실로 구현되는 과정입니다. 창의가 아이디어라면, 혁신은 그 아이디어가 세상에 영향을 미치는 순간입니다. 그런 의미에서 이렇게 정의할 수 있습니다. "혁신은 창의가 기술이라는 옷을 입은 상태이다." 창의가 머릿속 생각으로만 머문다면 그것은 아름다운 상상일 뿐입니다. 그러나 생각이 기술과 제도를 통해 구체화될 때, 비로소 사람에게 이로움을 전하고 사회에 변화를 일으키는 힘이 됩니다. 즉 혁신은 창의의 실현이며, 창의는 혁신의 씨앗입니다.

창의와 기술 결합이 이끈 인류의 전환점

이 개념들은 산업의 역사를 통해 살펴볼 수 있습니다. 인류의 발전은 곧 '창의와 기술 결합'의 역사이기도 합니다. 각 시대의 혁명적 전환은 모두 새로운 기술에서 출발했습니다.

- 1차 산업혁명: 증기기관의 발명으로 기계화의 시대 개막
- 2차 산업혁명: 전기와 대량생산 기술이 산업의 효율성을 폭발적으로 향상
- 3차 산업혁명: 컴퓨터와 인터넷이 정보화 시대를 열며 전 세계를 연결
- 4차 산업혁명: AI와 빅데이터가 인간의 사고와 노동을 재정의

이 모든 변화는 기술의 발전이 가져온 것이지만, 그 기술의 출발점에는 언제나 인간의 창의가 있었습니다. 아이디어가 기술로 변하고, 기술이 다시 사회를 변화시키는 과정이 인류가 걸어온 혁신의 궤적입니다.

이때 흥미로운 점은 우리가 이러한 변화를 '혁신innovation'이 아닌 '혁명revolution'이라고 부른다는 사실입니다. 왜일까요? 그 이유는 파생된 변화가 단순히 사회를 이롭게 할 뿐 아니라 때로는 인류에게 위협이 되는 파괴적 힘을 동반했기 때문입니다. 증기기관이 산업을 발전시킨 동시에 환경을 파괴했고, 컴퓨터와 인터넷은 인간의 편의를 증진했지만 프라이버시privacy와 윤리 문제를 낳았습니다. 즉 혁

명은 창의와 기술의 결합이 이로움의 한계를 넘어섰을 때 나타나는 현상이라 할 수 있습니다.

자, 이제 우리는 다시 질문해야 합니다. 기술이 인간보다 빠르게 발전하는 시대, 창의와 혁신은 어디로 나아가야 할까요?

창의가 사람을 이롭게 하는 생각이라면 혁신은 그 생각이 기술과 결합해 실현되는 과정입니다. 따라서 우리가 추구해야 할 방향은 기술 중심의 혁신이 아니라 '사람 중심의 창의적 혁신'입니다.

결국 창의는 인간의 본성이고, 혁신은 그 본성을 세상에 드러내는 실천입니다. 이 두 개념이 분리될 때 기술은 방향을 잃고, 문명은 인간의 행복에서 멀어집니다. 그러나 창의와 혁신이 다시 '사람'을 향할 때, 이는 진정한 진보가 될 것입니다.

산업혁명으로 들여다 본 창의와 혁신

산업혁명은 언제나 인간의 창의와 기술이 결합해 세상을 바꾼 사건이었습니다. 동시에 '혁신'이라기보다 '혁명'이라 불릴 만큼, 인류의 삶을 근본적으로 재편한 파괴적 충격이었습니다. 창의가 세상을 이롭게 하는 힘이라면, 혁명은 그 힘이 제어를 벗어났을 때의 결과이기도 합니다. 이제 각 시대의 산업혁명을 자세히 살펴보며 창의와 혁신의 빛과 그림자를 이야기해 보겠습니다.

1차 산업혁명: 기계의 탄생, 인간 노동을 재정의하다

18세기 영국에서 시작된 1차 산업혁명은 인류 역사상 처음으로 인간의 노동을 대신한 기계화의 시대를 열었습니다. 증기기관의 발명은 생산성을 폭발적으로 끌어올렸고, 수공업 중심의 산업 구조를 대량생산 체계로 전환시켰습니다. 상품 가격이 급격히 낮아지고, 소비는 폭발적으로 늘어났습니다. 잉여 자본이 생겨나자 새로운 소비문화가 형성되었고, 이 시기 대도시와 산업 근로자의 계급이 등장했습니다.

특히 증기기관은 교통수단의 혁신을 이끌어 사람들의 이동 반경을 넓히고, 공간의 개념을 재정의했습니다. 그러나 이 같은 번영 뒤에는 어두운 그림자도 있었습니다. 기계화는 노동의 가치를 낮추었고, 어린이와 여성 노동자들이 혹사 당하는 '공장사회'가 형성되었습니다. 창의가 낮은 기술이 인간의 존엄을 해치는 역설적인 상황이 1차 산업혁명을 '혁신'이 아닌 '혁명'으로 불리게 한 이유였습니다.

2차 산업혁명: 전기의 시대, 대량생산의 빛과 그늘

19세기 후반, 전기의 보급과 컨베이어벨트의 도입은 1차 산업혁명의 변화를 가속화했습니다. 에너지의 안정적 공급은 공장의 가동 시간을 무한히 늘렸고, 대량생산 체계는 '시간당 생산량_{Unit Per Hour, UPH}'이라는 새로운 경쟁의 기준을 만들었습니다. 이 시기의 대표적 산물이 오늘날 우리가 사용하는 냉장고, 세탁기, 전등, 전화기와 같은 가전제품들입니다. 이 발명품들은 인간의 삶을 획기적으로 편리하게 만들었고, 근대 문명의 일상적 풍경을 완성했습니다.

하지만 동시에 자본의 집중과 대기업의 독점이 심화되었고, 도시화와 계층 불평등이 새로운 사회문제로 떠올랐습니다. '생산의 혁신'이 '삶의 불균형'을 초래한 것입니다. 창의는 여전히 인간을 이롭게 했지만, 이로움이 공평하게 분배되지 못하면서 '혁신의 윤리'라는 과제가 등장했습니다.

3차 산업혁명: 디지털의 도래, 정보의 민주화

20세기 후반, 인류는 또 한 번의 문명적 도약을 맞이했습니다. 개인용 컴퓨터와 인터넷이 등장하며 시작된 '디지털 혁명'은 정보의 생산과 유통 방식을 완전히 바꾸었습니다. 이제 개인은 거대한 조직의 일원이 아니더라도 지식의 생산자이자 경제의 주체가 될 수 있게 되었습니다.

오프라인 매장에서만 가능하던 소비 행위가 온라인으로 옮겨갔고, 국경의 개념이 희미해졌습니다. 이 변화의 상징이 바로 아마존Amazon입니다. 2000년대 초, 인터넷으로 책을 판다는 발상은 당시로서는 상상하기 어려운 일이었습니다. 그러나 '창의적 발상'이 '기술적 플랫폼'과 결합하자 완전히 새로운 산업이 탄생했습니다. 그것이 바로 디지털 시대의 창의 기반 혁신이었습니다.

하지만 3차 산업혁명 역시 혁신의 양면성을 피하지 못했습니다. 편리함과 효율성의 이면에는 개인정보 침해, 사이버 범죄, 정보 불균형 같은 부작용이 자리했습니다. 정보의 민주화가 동시에 정보의 독점으로 이어지는 아이러니가 디지털 시대의 새로운 딜레마였습니다.

4차 산업혁명: AI시대, 인간의 역할을 다시 묻다

현재 진행 중인 4차 산업혁명은 AI, 빅데이터, 블록체인으로 대표됩니다. 이 혁명은 단순히 산업의 변화를 넘어 인간의 존재 방식 자체를 다시 정의하고 있습니다. 기계가 스스로 학습하고 판단하며 예측하는 시대에 기술은 인간의 도구를 넘어 '동반자' 혹은 '대체자'의 위치에 서고 있습니다. 이로 인해 경제·산업뿐 아니라 윤리와 철학, 교육과 고용, 정치와 문화의 구조까지 전면적인 재편이 일어나고 있습니다.

4차 산업혁명은 창의와 혁신의 최정점이라 불립니다. 하지만 동시에, 인간의 통제 밖으로 나아갈 수도 있는 가장 위험하고 파괴적인 혁명이기도 합니다. AI의 판단이 인간의 의도를 넘어설 때, 창의는 여전히 인간만의 영역일까요? 이 질문은 앞으로 인류가 반드시 풀어야 할 과제입니다.

4차 산업혁명 시대, 혁신을 내재화하라

AI 시대가 도래하면서 인간의 평균적인 능력은 확실히 상향 평준화되고 있습니다. 데이터 분석, 번역, 디자인, 심지어 작문까지 과거에는 전문 인력이 필요했던 일들이 이제는 AI의 도움으로 누구나 손쉽게 수행할 수 있습니다. 하지만 동시에 기계적이고 반복적인 영역에서는 AI가 인간을 빠르게 대체하고 있습니다. 이제 창의와 감성, 인간적 판단이 개입되지 않는 일의 영역에서 인간은 더 이상 경쟁력을 갖기 어렵습니다.

이 현상은 개인의 문제를 넘어 기업과 국가 단위의 경쟁력에도 그대로 확장됩니다. 단순 노동이나 반복 생산에 의존하는 산업 구조를 가진 나라들은 AI와 자동화 기술의 발전으로 성장의 발판을 잃고 있습니다. 한때 '인건비 경쟁력'이 경제 발전의 원동력이었던 저개발국들이 이제는 AI시대의 변화를 따라잡기 어려운 이유가 여기에 있습니다. 앞서 살펴본 산업혁명이 혁신이 아닌 혁명으로 불린 이유를 떠올려 봅시다. 그것은 변화의 속도가 인간의 조절 능력을 넘어섰기 때문입니다.

하지만 이번에는 혁명이 아닌 '혁신'의 관점에서 네 번의 산업혁명을 다시 바라볼 필요가 있습니다. 혁신이란 결국 인간의 창의가 기술과 조화를 이루며 지속가능한 방향으로 진화하는 과정이기 때문입니다. 말하자면, 4차 산업혁명은 단순한 산업구조의 변화가 아니라 문명의 판도를 바꾸는 게임입니다. 이 경쟁은 한 번 승자가 되면 영원히 승자로 남을 가능성이 높습니다. 기술 격차가 자본과 인프라, 인재와 교육의 격차로 이어지며 후발 주자가 따라잡기 거의 불가능한 구조를 만들고 있습니다. 이제 승부를 결정짓는 것은 '누

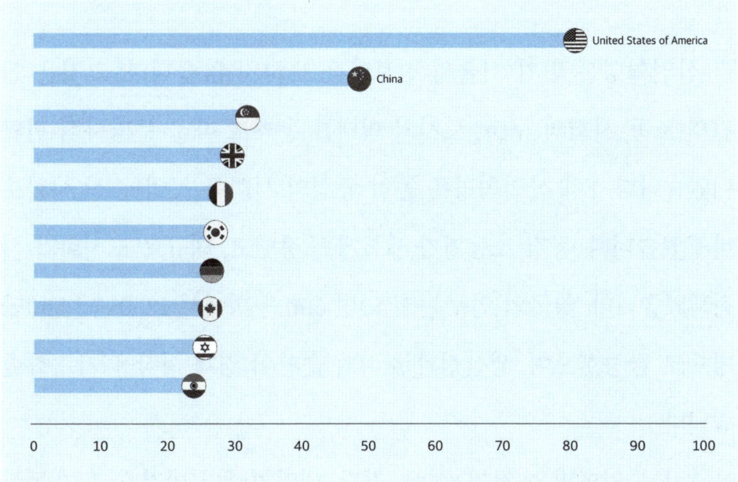

(출처: 「토터스 미디어」 2024.09.19. 기준)

가 먼저 혁신하는가'가 아닙니다. '누가 더 깊이 혁신을 내재화하는 가'의 싸움입니다.

다행히 대한민국은 이 경쟁에서 아직은 의미 있는 위치를 지키고 있습니다. 영국의 「토터스 미디어Tortoise Media」가 발표한 '글로벌 AI 지수The Global AI Index'에 따르면 한국은 미국, 중국, 싱가포르, 영국, 프랑스에 이어 세계 6위 수준의 AI 역량을 보유하고 있습니다. 이는 민간 기업들의 선제적 투자와 기술 축적 덕분이지만, 세계 5위의 경제 규모를 감안하면 여전히 충분하지 않습니다. 국가와 기업의 과감한 연구개발(R&D) 투자, 그리고 창의적 인재 양성은 이제 선택이 아니라 존립의 조건이 되었습니다.

산업혁명과 팬데믹 속 혁신 사례

산업혁명은 단지 기술의 진보만을 뜻하지 않습니다. 그것은 인간의 노동, 사회의 구조, 도시의 형태를 통째로 바꾼 문명사적 변환이었습니다. 1차 산업혁명은 농업 중심의 사회를 공업 중심 사회로 바꾸었습니다. 공장 노동자가 새롭게 등장했고, 대규모 도시화가 시작되었습니다. 영국의 인구는 1750년 600만 명에서 1850년 1,700만 명으로 급증했으며, 생산성과 소비의 순환이 경제 성장을 가속화했습니다.

2차 산업혁명은 전기, 석유, 철강, 내연기관의 발전으로 자동화와 대량생산의 시대를 열었습니다. 그러나 국내시장만으로는 감당할 수 없는 생산력은 해외 식민지와 세계시장을 향한 팽창 욕구로 이어졌습니다. 혁신의 대상이 세계로 확장되면서 그 영향 또한 한층 거대해졌습니다. 3차 산업혁명, 즉 디지털 혁명은 컴퓨터와 인터넷을 중심으로 경제 구조를 완전히 재편했습니다. 정보의 접근성과 연결성이 높아지며 '지식 기반 경제'가 탄생했고, 전통적인 유통·제조 중심의 산업이 이커머스e-commerce(전자상거래)와 플랫폼 산업으로 대체되었습니다. 지식이 곧 자본이 되는 시대가 열린 것입니다.

2019년에 발발한 코로나19 팬데믹은 소비 구조를 완전히 바꿔 놓았습니다. 비대면 거래가 일상화되면서 오프라인 중심의 기업들은 생존의 갈림길에 섰습니다. 이 변화의 흐름 속에서 '이케아IKEA'는 혁신의 교과서를 보여 준 사례입니다. 스웨덴에서 시작된 글로벌 홈퍼니싱 브랜드인 이케아는 합리적인 가격과 실용적인 디자인으로 전 세계 소비자에게 사랑받았습니다. 한국 진출 초기 시점인 2015년 매출은 약 3,000억 원 수준이었지만, 2024년에는 6,200억 원으로 급등했습니다. 그 과정에서 2022년에 세계를 휩쓴 경기 침체와 팬데믹 여파로 매출이 9퍼센트 감소하며 새로운 돌파구가 절실했습니다.

이때 이케아가 선택한 전략이 바로 'O2O(Online to Offline)' 전환입니다. 온라인에서 고객을 유입시키고, 오프라인 매장에서 체험과 상담, 배송까지 연결하는 옴니채널Omni Channel 전략을 강화한 것입니다. 특히 증강현실Augmented Reality(이하 AR) 기술을 접목한 '이케아 플레이스IKEA Place' 앱은 소비자가 스마트폰 카메라로 자신의 집을 스캔하고, 가상으로 가구를 배치해 볼 수 있게 해 구매 의사결정의 심리적 장벽을 크게 낮췄습니다. 이 전략은 놀라운 성과를 낳았습니다. 2024년에 이케아의 영업이익은 전년 대비 644퍼센트 증가했으며 특히 온라인 매출에서 19퍼센트가 상승해 디지털 전환의 성공을 입증했습니다. 이는 단순한 기술 혁신이 아니라 고객 경험을 중심으로 한 창의적 혁신의 모범 사례로 평가받고 있습니다.

혁신의 본질은 인간의 경험에 있다

이케아의 사례가 보여주는 핵심은 명확합니다. 기술은 혁신의 도구일 뿐 혁신의 주체는 언제나 인간이라는 사실입니다. AI, AR, O2O 같은 첨단 기술이 세상을 바꾼 것이 아니라, 그 기술을 통해 인간의 삶을 어떻게 더 나아지게 만들 수 있을까를 고민한 창의가 세상을 바꾼 것입니다. 결국 혁신은 기술의 문제가 아닌 가치의 문제, 즉 '누구를 위해 무엇을 변화시키는가'의 문제입니다.

AI시대의 혁신 역시 이 질문에서 출발해야 합니다. 기술이 인간을 대체할 수도 있지만, 창의는 여전히 인간만이 지닌 고유한 능력입니다. 이제 우리는 그 창의를 통해 기술을 다스리고, 혁신을 인간 중심의 문명으로 재정의해야 할 시점에 서 있습니다. 이케아의 O2O 전략이 성공할 수 있었던 것은 단순히 온라인 채널을 도입했기 때문만은 아닙니다. 그들의 전략 중심에는 기술이 아니라 사람의 불안과 욕구에 대한 섬세한 이해가 있었습니다.

가구를 구매하려는 고객이라면 누구나 같은 고민을 합니다. "이 색상이 우리 집 인테리어와 어울릴까?" "크기가 너무 크진 않을까?" "기존 가구와 조화가 안 되면 어쩌지?" 이러한 구매 불안은 결정을 지연시키고, 종종 사지 않게 만듭니다. 이케아는 바로 그 심리의 벽을 창의적으로 허물었습니다. 고객이 직접 자신의 집을 스마트폰 카메라로 스캔하고, AR로 가구를 배치해 볼 수 있는 이케아 플레이스 앱은 기술보다 먼저 공감에서 출발한 아이디어였습니다. '고객이 행복하게 선택할 수 있도록 돕는다'는 단순하지만 강력한 철학이 O2O 전략의 핵심이었습니다. 이케아는 이를 통해 고객의 구매 불안 요소를 해소했을 뿐 아니라 불필요한 구매와 반품을 줄여 경제적 낭비까지 방지했습니다. 즉 창의적 아이디어가 고객의 행복과 경제적 효율성, 두 마리 토끼를 모두 잡은 사례가 된 것입니다.

비슷한 맥락에서, 커피 시장에서도 창의와 기술이 결합한 혁신의 대표적 사례를 찾을 수 있습니다. 2023년 기준, 한국인의 1인당 연간 커피 소비량은 405잔으로, 이는 세계 평균보다 100배 이상, 미국보다 4배나 많습니다. 이처럼 포화된 소비 시장 속에서 수많은 브랜드가 가격 경쟁에 내몰리고 있습니다. 그럼에도 불구하고, 스타벅스 코리아는 2024년에 매장 수 2,000개를 돌파하며 여전히 성장세를 유지하고 있습니다. 커피 한 잔의 품질이 성장의 이유라면, 수많은 경쟁 브랜드도 이미 그 수준에 도달했습니다. 그렇다면 무엇이 스타벅스를 다르게 만드는 걸까요?

바로 '사이렌 오더Siren Order'입니다. 스타벅스는 모바일 주문 서비스를 국내 최초로 도입해 '기다리지 않고 커피를 받을 수 있는 경험'을 제공했습니다. 줄을 서지 않아도 되고, 주문 실수도 줄어들며, 자신이 원하는 시간과 장소에서 커피를 즐길 수 있게 된 것입니다. 이 시스템은 단순한 편의 기능을 넘어 고객의 일상에서 불편함과 시간을 줄여 주는 창의적 혁신이었습니다. 그 결과, 스타벅스는 '브랜드'가 아닌 '생활의 일부'로 자리 잡았고, 커피 시장의 전반적인 가격 경쟁 속에서도 꾸준히 점유율과 수익성을 높일 수 있었습니다.

이케아와 스타벅스, 두 기업은 전혀 다른 산업에 속해 있지만 그들의 성공에는 하나의 공통점이 있습니다. 그들은 기술을 앞세우지 않았습니다. 오직 고객의 경험을 바꾸는 창의적인 아이디어에 집중했습니다. 이케아의 AR을 활용한 가상의 가구 인테리어는 '확신 있는 선택의 즐거움'을, 스타벅스의 모바일 주문은 '기다리지 않는 여유'를 선물했습니다. 이 두 혁신은 모두 기술에서 출발했지만, 그 끝은 사람의 행복으로 귀결되었습니다. 결국, 창의와 기술이 결합할 때 혁신은 더 이상 '효율의 언어'가 아니라 '행복의 언어'가 됩니다.

디지털 시대의 혁신, 인간 중심으로

3차 산업혁명은 산업을 지식과 디지털 기술 중심의 경제로 전환하였습니다. 산업혁명은 인류 인구 및 생활의 질을 확장시키는 촉매제였습니다. 그 결과물은 생활의 편리함을 넘어 인류의 행복도를 높이고 인구의 증가 속도와 규모를 가속화했습니다. 이제 전 세계 인구가 스마트폰, 인터넷, 디지털 플랫폼을 통해 하루에도 수백 번씩 혁신의 결과물과 상호작용하고 있습니다. 하지만 이처럼 거대한 변화의 소용돌이 속에서도 혁신의 본질은 변하지 않습니다. 그것은 언제나 '인간의 삶을 더 낫게 만들겠다'는 창의의 의지입니다. 기술은 그 의지를 실현하는 도구일 뿐입니다.

앞으로의 혁신은 속도가 아니라 방향의 문제입니다. AI와 자동화가 아무리 정교해져도 그 속에 사람을 향한 따뜻한 의도가 없다면 진정한 혁신이 아니라 또 하나의 혁명일 뿐입니다.

AI시대가
인간에게 던지는 질문

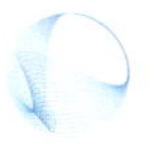

1980년대 초, 누군가 '40억 명의 사람이 매일 아침 일어나
타자를 칠 것이다'라고 말했다면 우리는 '왜?'라고 되물었을 것이다.

-사티아 나델라

이제 인류는 네 번째 산업혁명의 한가운데에 서 있습니다. AI, 빅데이터, 로봇, 바이오 등으로 대표되는 4차 산업혁명은 3차 산업혁명에서 이룩한 디지털 문명을 한층 더 고도화하고 있습니다. 기계가 스스로 학습하고 판단하며, 인간의 명령 없이도 작동하는 초지능超智能 사회로, 또 사물과 사람, 데이터가 실시간으로 연결되는 초연결超連結 사회로 세계는 급속히 진입하고 있습니다.

이 변화는 단순히 산업의 구조만이 아니라 인간의 존재 방식을 다시 묻는 근본적 질문을 던지고 있습니다. 2차 산업혁명이 '노동자 계급'을 탄생시켰다면, 4차 산업혁명은 그 노동자의 자리를 '기계로 대체할 가능성'을 키우고 있습니다. AI와 자동화 기술이 확산되면서, 반복적이고 규격화된 일을 수행하던 사람들의 일자리는 빠르게 줄어들고 있습니다. 이제 평균의 능력으로, 평균의 급여를 받으며 살아가는 '평균의 시대'는 종말을 향해 가고 있습니다.

기술이 인간의 일을 빼앗고 있다

2013년, AI가 본격적으로 산업 전반에 도입되기 시작한 시점에 옥스퍼드대학 경제학 교수 칼 베네딕트 프레이Carl Benedikt Frey와 머신러닝 전문 공학 교수 마이클 A. 오즈번Michael A. Osborne은 "앞으로 10~20년 내 미국의 일자리 중 47퍼센트가 자동화로 대체될 것"이라고 예측했습니다. 당시에는 다소 과장된 전망으로 들렸지만, 10여 년이 지난 지금, 그들의 예측은 현실이 되어가고 있습니다. 또 세계경제포럼WEF이 발표한 「미래 일자리 보고서 2023Future of Jobs Report 2023」에 따르면, 2027년까지 전 세계적으로 약 8,300만 개의 일자리가 사라지고, 새로운 기술 기반 산업에서 6,900만 개의 일자리가 새로 생겨날 것이라고 합니다. 즉 단순한 일자리의 감소가 아니라 '일자리의 재편'이 일어나고 있는 것입니다.

1차·2차·3차 산업혁명은 모두 새로운 일자리를 창출했습니다. 기계가 늘어나도 기계를 다루거나 관리할 사람이 필요했기 때문입니다. 그러나 4차 산업혁명에서는 상황이 다릅니다. 기계가 스스로 학습하고 관리하며 오류도 수정하기 때문입니다. 이제 완전한 자동화의 단계가 도래한 것입니다.

이러한 변화는 금융 산업에서도 예외가 아닙니다. 이제 AI가 자산과 정보를 분석하고, 챗봇이 상담하며, 알고리즘이 투자 전략을 제시하는 시대입니다. 과거 금융의 핵심이던 '영업점'은 빠르게 줄어들고 있습니다. 2019년 12월 말, 한국 내 금융기관의 영업점은 6,469개에 달했지만, 2025년 9월 말 기준으로는 5,534개로 급감했습니다. 5년 만에 약 15퍼센트가 사라진 셈입니다. 비대면 거래의 확산, 모바일 뱅킹의 일상화 그리고 핀테크 기업의 부상은 이 추세를 더욱 가속화하고 있습니다.

이제 고객은 은행을 방문하지 않아도 예금, 대출, 자산 관리를 모두 온라인에서 처리할 수 있습니다. 이는 단순한 편의성의 문제가 아닙니다. 금융 산업의 패러다임 자체가 사람 중심에서 데이터 중심으로 이동하고 있는 것입니다. 그 결과, '지점 없는 은행'이 새로운 표준으로 자리 잡고 있습니다. 영업점이 극소수이거나 아예 존재하지 않는 디지털 은행들은 기존 금융사와 핀테크의 경계를 허물고 있으며, 이제는 금융업이 아니라 '데이터 산업'으로서의 금융이 본격화되고 있습니다. 4차 산업혁명은 산업 간 경계를 지우는 동시에, 금융의 역할을 '돈을 관리하는 일'에서 '데이터를 관리하는 일'로 확장시키고 있습니다.

많은 사람이 묻습니다. "AI가 일자리를 빼앗는다면, 인간은 무엇을 해야 하는가?"

이 질문은 사실 기술의 문제가 아니라 인간의 정체성에 대한 질문입니다. 2025년 5월, 마이크로소프트는 전 세계적으로 6,000명 규모의 구조조정을 단행했습니다. 그 대상 중 40퍼센트 이상이 소프트웨어 엔지니어, 즉 기술 혁신의 최전선에 있던 개발자들이었습니다. 회사는 공식 입장에서 이렇게 밝혔습니다. "AI가 코드 작성의 상당 부분을 대체하게 됨에 따라 인력 조정이 불가피했다." 이보다 더 상징적인 장면이 있을까요? AI의 창조자인 개발자들이 AI에 의해 대체된 것입니다. 마이크로소프트 CEO 사티아 나델라Satya Nadella는 "일부 프로젝트에서 코드 업무의 30퍼센트가 이미 AI로 대체되었으며, 머지않아 그 비율이 95퍼센트에 이를 것"이라고 말했습니다. 이 발언은 단순한 예측이 아니라 AI가 인간의 일터를 구조적으로 다시 설계하고 있음을 선언한 것이나 다름없습니다.

일자리의 미래 어떻게 흘러갈 것인가

그렇다면 AI가 대체할 수 있는 일의 속성은 무엇일까요? 그 핵심은 다음 세 가지로 정리할 수 있습니다.

1. 반복 가능성: 결과가 예측 가능하고, 일정한 패턴으로 수행되는 일

2. 규칙 기반성: 정해진 알고리즘으로 처리 가능한 일

3. 비용 효율성: 인간 노동력보다 더 빠르고 저렴하게 처리할 수 있는 일

이 조건들을 충족한다면 개발자든, 회계사든 심지어 교사나 기자도 AI의 대체 가능성에서 자유로울 수 없습니다. "내 일은 AI가 대체할 수 없을 거야."라는 안심은 이제 매우 위험한 자기최면이 되었습니다. 불과 몇 년 전만 해도 코딩이 고도의 전문직으로 분류되었지만, 지금 현재는 AI가 스스로 코드를 생성하고 수정하는 시대입니다. 그렇다면 인간의 노동 중 얼마나 많은 영역이 단순 반복의 연장선에 놓여 있을까요? 생각보다 훨씬 많습니다. 고비용 구조에 복잡성이 낮은 업무일수록 AI의 침투 속도는 더욱 빠를 것입니다. AI의 발전은 일자리를 없애는 동시에 새로운 일자리를 만들어내고 있습니다. 2019년 한국고용정보원이 발표한 '4차 산업혁명 시대 미래 유망 직업 15선'은 다음과 같습니다.

1. 사물인터넷(IoT) 전문가

2. AI 전문가

3. 빅데이터 분석가

4. 가상·증강현실 전문가

5. 생명과학 연구원

6. 정보 보호 전문가

7. 로봇공학자

8. 자율주행 전문가

9. 스마트팜 전문가

10. 환경공학자

11. 스마트 헬스케어 전문가

12. 3D 프린팅 전문가

13. 드론전문가

14. 소프트웨어 개발자

15. 신·재생에너지 전문가

이 직업군의 공통점은 명확합니다. 모두 전문 지식과 고도의 기술 역량을 요구한다는 점입니다. 따라서 차별화된 전문성이 없다면 새로운 일자리로의 진입은 극히 어려울 것입니다.

문제는 단순합니다. 새로운 일자리는 생기고 있지만, 그 수가 사라지는 일자리를 보충하기엔 턱없이 부족하다는 사실입니다. 더구나 고급 인재를 양성할 교육 시스템이 이 변화의 속도를 따라가지 못한다면 '고용의 양극화'는 우리가 피할 수 없는 미래가 될 것입니다.

기계를 이길 인간의 무기로 무장하라

이제 AI는 제조업뿐 아니라 서비스업·금융·의료·교육·미디어 등 인간 중심이라 여겨졌던 거의 모든 산업 영역에 들어오고 있습니다. 전문직이라고 예외가 아닙니다. AI가 환자의 CT 영상을 판독하거나 법적 계약서를 분석하며, 고객 시장 트렌드를 예측합니다. 이것은 단순한 기술의 진화가 아니라 노동의 본질이 다시 쓰이는 과정입니다. 1·2·3차 산업혁명이 인간의 손과 시간을 확장시켰다면, 4차 산업혁명은 인간의 지적 기능 그 자체를 확장하거나 대체하고 있습니다. 이제 '인간이 무엇을 할 수 있는가'가 아니라 'AI가 하지 못하는 것은 무엇인가'가 새로운 경쟁의 기준이 되었습니다.

많은 사람이 여전히 이렇게 말합니다. "그까짓 AI 몰라도 세상 사는 데 지장 없잖아요." 하지만 AI의 물결은 이미 우리의 일상 깊숙이 들어와 있습니다. 유튜브에는 하루에도 수천 건의 AI 관련 콘텐츠가 올라옵니다. "상위 1퍼센트만 아는 AI 활용법" "AI로 돈 버는 법" "직장인 혼자서 AI 공부하는 법" 같은 영상들이 넘쳐납니다. 이것은 단순한 유행이 아니라 AI가 개인의 생존 전략의 일부로 편입되고 있다는 증거입니다.

우리는 호모 파베르^{Homo Faber}, 즉 '도구의 인간'입니다. 우리는 언제나 도구를 만들고, 그 도구에 의해 다시 만들어져 왔습니다. AI는 인류가 만든 가장 강력한 도구이자 가장 위험한 거울입니다. 그것을 어떻게 사용하느냐에 따라 삶과 직업, 나아가 인간의 존엄까지 달라질 것입니다. 앞으로 살아남는 사람은 두 부류로 예측됩니다. AI를 사용하는 사람과 AI에 의해 대체되는 사람. 이 두 부류의 차이는 기술 그 자체가 아니라 '태도'와 '학습 속도'에서 갈립니다. AI를 두려움의 대상으로 볼 것인가, 새로운 언어처럼 익혀서 삶의 도구로 사용할 것인가의 선택이 개인의 미래를 결정짓습니다. AI는 인간의 적이 아닙니다. 다만 인간이 스스로를 게을리할 때, 그 자리를 대신 차지할 뿐입니다. 따라서 AI 시대의 핵심 경쟁력은 '배우는 인간'으로 남을 수 있는 능력입니다.

AI는 인간에게 일자리를 빼앗으려는 존재가 아닙니다. 오히려 인간에게 새로운 형태의 일, 새로운 형태의 가치 창출을 요구하고 있습니다. 결국 4차 산업혁명의 진짜 질문은 "AI가 인간을 대체할 것인가?"가 아니라 바로 이것입니다.

"AI 이후에도 인간은 여전히 인간일 수 있는가?"

이 질문이야말로 지금 우리가 창의와 혁신을 다시 이야기해야 하는 이유입니다. AI는 '정답'을 빠르게 찾는 데 탁월하지만, '무엇이 옳은가'를 판단하는 능력은 없습니다. 기계는 효율을 극대화하지만, '인간의 행복'을 정의할 수는 없습니다. 따라서 4차 산업혁명 이후의 시대는 기술의 시대가 아니라 인간성의 시대가 될 것입니다. 즉 창의와 윤리, 공감과 상상력이야말로 AI가 결코 복제할 수 없는 인간의 마지막 경쟁력입니다.

4차 산업혁명은 인류에게 거대한 도전장을 던지고 있습니다. 기술은 더 이상 '인간의 도구'가 아니라 '인간과 경쟁하는 존재'가 되고 있습니다. 이때 우리가 선택해야 할 길은 단 하나입니다. 바로 기술을 두려워하지 말고, 창의로 기술을 다스리는 일입니다. AI시대의 승자는 기계를 더 많이 가진 자가 아니라 기계를 가장 인간답게 사용할 줄 아는 자일 것입니다. 결국 미래를 결정하는 것은 기술의 속도가 아닌 인간의 깊이입니다.

돈의 흐름이
완전히 뒤바뀐다

자유롭게, 유연하게, 대담하게

-토스Toss 슬로건

21세기의 금융은 더 이상 금고나 계산기의 세계가 아닙니다. 이제 금융은 '코드'로 움직이고, '앱'으로 유통됩니다. 지갑이 스마트폰으로, 영업점 창구가 알고리즘으로, 화폐가 데이터로 바뀌는 현상이 바로 '핀테크FinTech(금융을 뜻하는 Finance와 기술을 의미하는 Technology의 합성어)의 본질입니다. 핀테크는 1990년대 후반 미국과 영국에서 싹텄습니다. 미국에서는 페이팔PayPal이 온라인 결제의 개념을 뒤흔들며 '은행을 통하지 않는 송금'이라는 혁신을 세상에 보여 주었습니다. 이후 P2P 대출, 로보어드바이저, 모바일 결제 서비스가 잇따라 등장하면서 "금융은 반드시 금융회사가 해야 한다."라는 오랜 관념이 무너졌습니다.

영국 역시 정부의 규제 완화와 금융 혁신 정책을 앞세워 핀테크 생태계를 육성했습니다. 그 결과 런던은 이제 뉴욕과 어깨를 나란히 하는 세계 핀테크의 수도로 자리 잡았습니다. 영국의 핀테크 기업들은 '창의적 금융 실험실'이라 불릴 만큼 새로운 비즈니스 모델을 쏟아내며, 금융과 기술의 경계를 지워 버렸습니다. 샌드박스를 활용해 전자 화폐 라이선스로 가상 자산까지 사업 범위를 확장한 레볼루트Revolut, 샌드박스로 모바일 서비스를 빠르게 실험한 몬조Monzo, 세계 최초의 오픈뱅킹을 활용해 해외 송금 서비스를 제공하고 있는 와이즈Wise 등이 영국의 대표적 핀테크 기업입니다.

핀테크의 물결은 이후 동남아시아, 아프리카 등으로 확산되었습니다. 특히 전통적 금융 인프라가 부족한 지역에서 모바일 결제와 디지털 송금 서비스는 경제의 문턱을 낮추는 사회적 혁신의 역할까지 수행하고 있습니다. 즉 핀테크는 단순한 산업의 진화가 아니라 금융의 민주화를 이끈 인류적 실험이기도 한 셈입니다.

창의와 기술로 '돈의 언어'를 바꾸다

우리나라 역시 지난 10여 년 동안 핀테크 산업을 국가 혁신의 상징으로 키워 왔습니다. 지금 우리는 매일 핀테크와 함께 살아가고 있습니다. 카카오페이로 송금하고, 네이버페이로 결제하며, 토스로 자산을 관리하는 일상이 그것입니다. 이제 금융과 테크 기업의 경계는 거의 사라졌습니다. 은행이 IT기업처럼 혁신을 고민하고, IT기업이 은행처럼 예금과 신용을 다루는 시대에 이러한 경계의 해체야말로 한국이 창의와 혁신으로 일군 새로운 금융 질서의 표상입니다. 우리나라 핀테크 산업은 특히 '생활 속의 혁신'이라는 점에서 세계적으로도 독보적입니다. 송금 수수료가 사라지고, 24시간 거래가 가능하며, 스마트폰 하나로 보험·투자·대출을 관리할 수 있습니다. 불과 10년 전만 해도 상상하기 어려웠던 일입니다.

핀테크의 발전은 금융의 권력을 '중앙'에서 '개인'으로 옮기고 있습니다. 블록체인, 디지털 화폐, 스테이블 코인 등으로 대표되는 탈중앙화Decentralization의 흐름은 더 이상 실험 단계가 아니라 이미 진행 중인 현실입니다. 이제 돈은 중앙은행의 전유물이 아닙니다. 누구나 기술을 통해 화폐의 가치를 발행하고, 교환하고, 기록할 수 있는 탈중앙 금융 시대가 우리 눈앞에 있을지도 모를 일입니다. 이것은 곧 금융의 패권이 코드로 옮겨 가고 있음을 의미합니다. 중앙이 통제하던 질서에서 벗어나 개인이 스스로 거래의 신뢰를 증명할 수 있는 시대, 이처럼 우리는 '돈의 민주주의'가 실현되고 있는 장면 속에 있습니다.

물론 이 변화에는 위험도 뒤따릅니다. 보안, 사기, 규제 미비 등 새로운 과제가 늘어나고 있지만, 그럼에도 불구하고 변화의 흐름은 이미 돌이킬 수 없습니다. 핀테크는 더 이상 산업의 한 영역이 아니라 인류의 경제 시스템 자체를 재설계하는 창의적 혁신으로 진화하고 있습니다.

핀테크가 가져온 가장 큰 변화는 돈을 다루는 방식이 아니라 돈을 '경험하는' 방식의 변화입니다. 과거의 금융은 금리를 중심으로 돌아갔습니다. 하지만 이제 금융의 핵심은 '사용자 경험(UX)'입니다. 카드 한 장 대신 앱 속 터치 한 번이 신뢰를 대신합니다. '얼마를 벌었는가'보다 '얼마나 편리하게, 안전하게 썼는가'가 새로운 가치의 기준이 되었습니다.

핀테크의 혁신은 기술의 진보가 아니라 인간의 행동과 감정에 대한 깊은 이해에서 출발한 창의의 결과입니다. AI, 빅데이터, 블록체인이 아무리 정교해져도 목적은 한 가지입니다. 인간이 돈을 더 쉽게, 더 자유롭게, 더 인간답게 사용할 수 있도록 돕는 것입니다.

핀테크의 시대는 이미 열렸습니다. "기술이 금융을 바꿀 수 있을까?"가 아니라, "금융이 인간의 삶을 얼마나 바꿀 수 있을까?"라는 질문으로 바뀌어야 합니다. 창의와 혁신이 금융의 영역을 넘어 삶의 방식을 바꾸고 있는 지금, 우리는 '돈의 혁명'을 넘어 '관계의 혁신'으로 향하고 있습니다.

오늘날 우리가 매일 사용하는 카카오톡은 단순한 메신저가 아닙니다. 채팅, 송금, 선물하기, 전자증명서, 마이데이터 등 하나의 플랫폼 안에 금융과 생활의 거의 모든 기능이 통합되어 있습니다. 이제 카카오톡은 통신 서비스의 범주를 넘어 국민의 생활 인프라이자 하나의 디지털 생태계로 자리 잡았습니다.

카카오톡의 성공은 단순히 편의성 덕분이 아니었습니다. 그 핵심에는 인간의 소통 본능을 정교하게 이해한 창의적 발상이 있었습니다. 문자 메시지가 제공하지 못했던 다자간 대화 기능, 이모티콘을 통한 감정의 시각화, '선물하기' 서비스로 대표되는 감정의 교환까지 모두가 "기술이 인간의 관계를 얼마나 따뜻하게 만들 수 있는가?"라는 질문에서 출발했습니다.

특히 선물하기 서비스는 국내 모바일 동종 시장의 70퍼센트 이상, 2022년 기준 약 3조 3,000억 원 규모를 차지하며 전례 없는 성장세를 보였습니다. 이러한 성공의 본질은 단순한 거래가 아니라 '시간을 절약하고 마음을 전할 수 있는 새로운 방식'을 제시했다는 데 있습니다. 기술의 혁신이 인간의 감정선과 맞닿을 때, 서비스는 단순한 기능을 넘어 문화로 자리 잡게 됩니다.

카카오뱅크의 출현은 "은행은 반드시 오프라인 지점이 있어야 한다.라는 오래된 믿음을 무너뜨렸습니다. 공인인증서 비밀번호를 매년 갱신해야 하는 불편함을 없애고,

사용자가 가장 싫어했던 '복잡한 절차'를 혁신의 기회로 바꿨습니다. 카카오뱅크의 창의는 '불편의 발견'에서 출발했습니다. 고객이 가장 번거롭게 느끼는 지점을 기술로 해결하면서 은행이라는 폐쇄적 구조를 개방형 플랫폼으로 변환시킨 것입니다. 이처럼 고객의 불편을 없애는 것이 4차 산업혁명 시대의 가장 강력한 혁신이라는 사실을 카카오뱅크는 증명했습니다.

과거의 금융은 높은 장벽 안에 존재했습니다. 고객은 각 은행의 앱을 따로 설치하고, 상품을 비교하려면 직접 지점을 방문해야 했습니다. 그러나 '오픈뱅킹Open Banking'의 등장은 그 장벽을 허물어뜨렸습니다. 이제 사용자는 하나의 앱에서 모든 은행의 계좌와 상품을 조회하고, 조건을 비교한 뒤 가장 유리한 서비스를 선택할 수 있습니다. 즉 금융의 권력이 고객에게 넘어간 것입니다. 은행의 문이 활짝 열리자, 금융사는 더 창의적이고 투명한 서비스를 내놓지 않으면 고객의 선택을 받을 수 없게 되었습니다.

한편 대환대출 인프라의 도입은 핀테크와 금융사가 협력하여 만든 진정한 공공적 혁신의 사례입니다. 고객은 모바일 앱에서 단 몇 번의 클릭만으로 더 낮은 금리의 은행으로 대출을 갈아탈 수 있습니다. 복잡한 서류 제출도, 번거로운 방문도 필요 없습니다. 2023년 5월에 이 서비스가 출범된 이후 2년간 34만 명이 대출을 갈아탔고, 주택담보대출 이용자는 1인당 평균 약 274만 원의 이자 절감 효과를 보았습니다. 이는 창의적인 아이디어와 디지털 기술이 고객의 실질적 이익으로 이어진 대표적 혁신이었습니다.

이제 핀테크는 일시적인 유행이 아니라 글로벌 금융의 표준이 되고 있습니다. 영국과 한국은 물론이고, 저개발 국가들까지 중앙은행 주도로 핀테크 생태계를 육성하고 있습니다. 그 이유는 간단합니다. 핀테크는 단순히 돈의 흐름을 빠르게 만드는 기술이 아니라 경제의 문턱을 낮추고 인간의 접근성을 넓히는 기술이기 때문입니다.

이러한 변화 속에서 금융사들도 스스로 '기술기업'으로 재정의하기 시작했습니다. IT 영역에 투자를 늘리고, AI 기반 고객 상담 서비스와 상품과 투자 정보에 관한 로보어드바이저를 도입하며 고객의 시간을 절약해 주는 서비스를 개발하고 있습니다. 창의와 기술이 융합되는 이러한 과정은 전통적인 금융 구조를 완전히 새롭게 쓰고 있습니다.

이제 금융의 혁신은 개별 기업의 역량을 넘어 산업 생태계 전체의 협력 구조 속에서 이루어지고 있습니다. 금융사, 핀테크 기업, 정부 기관이 연결된 거대한 네트워크 안에서 정보와 기술이 공유될 때 창의는 배가되고, 혁신은 가속화됩니다. 앞으로 금융과 기술의 경계는 점점 더 희미해질 것입니다. 결국 두 산업은 하나의 유기적 생태계로 통합될 것입니다. 이 생태계 안에서 창의적 아이디어와 혁신 기술을 결합하지 못한 조직은 패자부활전의 기회조차 얻지 못할 것입니다.

카카오톡, 카카오뱅크, 오픈뱅킹, 대환대출까지 이 모든 사례가 말해주는 것은 단 하나입니다. 창의의 본질은 기술이 아니라 '사람'이라는 사실입니다. 기술은 편리함을 주지만, 창의는 편리함에 따뜻함을 더합니다. 혁신은 효율을 높이지만, 창의는 효율을 삶의 가치로 바꾸는 힘입니다. 핀테크의 혁신은 돈의 흐름을 바꾸었고, 플랫폼의 혁신은 인간의 관계를 바꾸었습니다. 그리고 이제, 창의와 기술이 만나 삶의 방식을 새롭게 디자인하는 시대가 열리고 있습니다.

세계 경제의
새로운 좌표가 등장하다

이제 시선을 세계 경제로 돌려보겠습니다. 창의와 혁신을 가장 냉정하게 평가하는 무대는 주식시장입니다. 고객에게 양질의 가치를 제공한 기업은 더 많은 이윤을 창출하고, 그 이윤은 주가와 시가총액이라는 숫자로 표현됩니다. 즉 시장은 말보다 빠르고, 감정보다 냉정하게 '누가 진정한 혁신가인가'를 판단합니다. 그 예로, 세계 경제 주요국 중 대표적으로 한국, 미국, 중국의 지난 10년간 시가총액 변화를 보면 세계 경제의 흐름이 '창의와 혁신 중심 국가'로 재편되고 있음을 확인할 수 있습니다.

미국은 기술기업의 약진으로 시가총액이 두 배 이상 증가했습니다. 애플, 마이크로소프트, 아마존, 구글(알파벳), 엔비디아 등 창의

구분	2015년 시가총액	2025년 시가총액	증가율
미국	23.8조 달러	54조 달러	+126%
중국	7.1조 달러	12조 달러	+82%
한국	1.2조 달러	1.6조 달러	+33%

와 기술의 상징이 된 기업들이 '고객의 삶을 얼마나 풍요롭게 바꿨는가'를 실적으로 증명했습니다. 중국 역시 핀테크, 전기차, AI, 배터리 등 신산업 육성에 힘입어 미국을 빠르게 추격하고 있고, 한국은 시총 증가율 33퍼센트로 선진국 대비 낮은 편이지만, 기술력과 산업 구조의 질적 전환 가능성을 충분히 품고 있습니다.

시가총액은 단순한 경제 지표가 아니라 그 나라의 창의와 혁신이 작동하는 정도를 가늠하는 바로미터입니다. 부의 수준은 곧 창의의 결과이며, 이제 세계 경제는 창의와 혁신의 질에 따라 서열이 결정되는 시대에 진입했습니다.

에너지에서 데이터로 경제 패권의 이동

지난 10년간 시가총액 상위권 국가에서 가장 두드러진 변화는 에너지기업의 약세와 기술기업의 약진입니다. 엑슨모빌, 셰브런 등 전통적인 석유기업들이 비중을 줄이는 동안 데이터를 처리하고 저장하고 연결하는 기업들이 세계 경제 시장을 주도하고 있습니다. 하지만 여전히 예외는 있습니다. 사우디아라비아의 국영 석유기업 아람코Aramco는 에너지 패권의 마지막 거점으로 여전히 강세를 유지하고 있습니다. 그럼에도 불구하고 지구의 패러다임은 이미 바뀌었습니다. 전 지구의 네트워크화, 컴퓨팅의 초개인화, 서비스 개발비의 급감은 모두 데이터 중심의 세계로의 전환을 예고합니다.

이 변화의 중심에는 엔비디아가 있습니다. 2025년 6월 기준, 엔비디아의 시가총액은 3.46조 달러로, 삼성전자 시가총액 2,630억 달러의 약 10배에 달하며 애플과 마이크로소프트에 이어 세계 3위권 기업으로 올라섰습니다. 2021년 13달러에도 미치지 못했던 주가가 불과 4년 만에 142달러에 육박한 것입니다. 단순한 반도체 기업의 성장을 넘어, 엔비디아는 데이터 경제의 엔진으로 자리 잡았습니다.

이들은 시대의 변화를 누구보다 빠르게 읽었습니다. 데이터 경제에서는 속도가 곧 가치이며, 데이터를 빠르게 처리하는 능력이 곧 '고객 이익의 가속화'로 이어진다는 점을 간파했습니다. 엔비디아의 GPUGraphics Processing Unit는 AI, 자율주행, 로봇, 클라우드 등 모든 신기술의 핵심 부품이 되었고, 오늘날 각국 정부가 GPU 확보 경쟁을 벌이는 이유도 여기에 있습니다. 이러한 창의를 현실화할 수 있었던 힘은 기술력입니다. 2만 6,000여 명의 직원 중 75퍼센트가 연구개발 인력이며, 이 R&D 영역이 회사의 '심장' 역할을 합니다. 즉 창의가 기술로 연결되고 기술이 다시 창의를 낳는 선순환 구조가 엔비디아의 진정한 경쟁력인 셈입니다.

혁신의 함수를 완성하려면

우리나라 대표 기술기업인 삼성전자 역시 지난 10년간 꾸준한 성장세를 이어 왔습니다. 1974년 반도체 사업 진출 이후, 1983년 세계 최초로 64K DRAM 개발에 성공하면서 세계 메모리 시장의 선두주자로 부상했습니다. 일본 기업들과의 기술 협력을 발판으로 빠른 기술 내재화에 성공했고, 경쟁사보다 한발 앞서 제품을 출시하며 시장 점유율을 높여 왔습니다. 2025년 기준 삼성전자의 시가총액은 약 600조 원으로 국내 기업 중 단연 1위이지만, 엔비디아의 시가총액이 삼성의 10배에 이르는 현실은 한국의 혁신 구조가 아직 '기술 효율' 중심에 머물러 있고 '창의 생태계Creativity Ecosystem'로 확장되지 못했음을 시사합니다. 즉 혁신은 있지만 창의가 부족한 구조인 셈입니다.

엔비디아와 삼성전자의 차이는 단순히 기술의 깊이가 아니라 창의의 폭에서 비롯됩니다. 엔비디아는 '데이터의 속도'라는 관점을 시장의 언어로 바꿨고, 삼성은 '제품의 품질'이라는 틀 안에서 기술을 발전시켜 왔습니다. 전자는 개념의 혁신, 후자는 과정의 혁신이라 할 수 있습니다. 따라서 한국 기업이 다음 도약을 이루려면 기술 혁신에 창의적 철학을 더해야 합니다. 기술의 완성도가 아니라 기술이 세상을 어떻게 바꿀 수 있는가를 묻는 태도, 즉 '이로움을 설계하는 혁신'으로 방향을 전환해야 합니다. 그것이야말로 한국이 가진 잠재력을 현실의 성장으로 바꾸는 열쇠가 될 것입니다.

주식시장은 언제나 냉정합니다. 그러나 냉정함 속에는 공정한 진실이 있습니다. 창의와 혁신이 곧 부의 공식이라는 진실 말입니다. 국가든, 기업이든 창의가 없으면 기술은 한계를 마주하고, 혁신이 없으면 창의는 방향을 잃습니다. 미국과 중국의 시가총액 상승은 창의와 혁신이 국가 내 제도, 교육, 산업 생태계 속에서 얼마나 유기적으로 작동하느냐의 결과입니다. 한국 역시 잠재력을 충분히 갖고 있습니다. 이제 필요한 것은 경계를 넘는 협력과 창의의 시스템화 그리고 기술을 사람의 이로움으로 전환하는 철학적 혁신입니다.

자본을 대체할
가장 강력한 무기

산업화 이후의 세계는 자본과 노동이 아닌
창의성과 지식이 주도하는 경제로 바뀔 것이다.

-리처드 플로리다

'창조 경제Creative Economy'라는 개념은 박근혜 정부 시절 제6공화국 시대의 국정 운영 핵심 비전으로 등장했습니다. 당시 정부는 창조 경제를 다음과 같이 정의했습니다. "창조 경제는 지식과 창의성을 바탕으로 새로운 가치를 창출하는 경제 모델이다." 이 비전을 구체화하기 위해 정부는 미래창조과학부를 신설하고, 전국에 창조경제 혁신센터를 설립했습니다. 그 목적은 명확했습니다. 기존의 산업 중심 경제에서 벗어나 창의적 사고와 기술 융합을 통해 새로운 산업, 새로운 일자리, 새로운 가치를 만들어 내겠다는 것이었습니다.

그 시점의 한국 경제는 분명 변곡점에 서 있었습니다. 2000년, 9.1퍼센트에 달했던 실질 GDP 성장률이 2012년에는 2.4퍼센트까지 떨어졌습니다. 산업화 시대의 엔진이 식어 가고, 수출 중심의 성장 모델은 한계에 다다른 때였습니다. 따라서 창조 경제는 단순한 정치 슬로건이 아니라 침체 위기의 돌파구로써 '창의'를 국가 전략의 전면에 내세운 실험이었습니다.

창조 경제의 시작과 빛바랜 실현

창조 경제의 철학은 미국의 저명 경제학자가 싹을 틔웠습니다. 전 카네기멜론대학교 교수이자 현 토론토대학교 로트먼경영대학원 석좌교수 리처드 플로리다Richard Florida는 저서 『창조 계급의 등장The Rise of the Creative Class』에서 산업화 이후의 세계는 자본과 노동이 아니라 창의성과 지식이 주도하는 경제로 전환될 것이라 예견했습니다. 그는 과학자, 예술가, 디자이너, 엔지니어, 기업가, 교수 등 창의적 사고를 기반으로 일하는 이들을 '창조 계급Creative Class'이라 부르며, 이들이 도시의 성장과 국가 경쟁력을 좌우한다고 말했습니다.

영국은 이 개념을 국가 전략으로 채택해 '창조 산업Creative Industry'이라는 이름 아래 문화·예술·디자인 산업을 육성했고, 핀란드와 싱가포르 등은 교육 혁신과 창의 생태계 조성으로 지식 기반 사회로의 전환에 성공했습니다. 즉 창조 경제란 기술의 시대를 넘어, 상상력의 시대를 설계하는 국가 전략이라 할 수 있습니다.

한국의 창조 경제 역시 이런 흐름 속에서 등장했습니다. 창조경

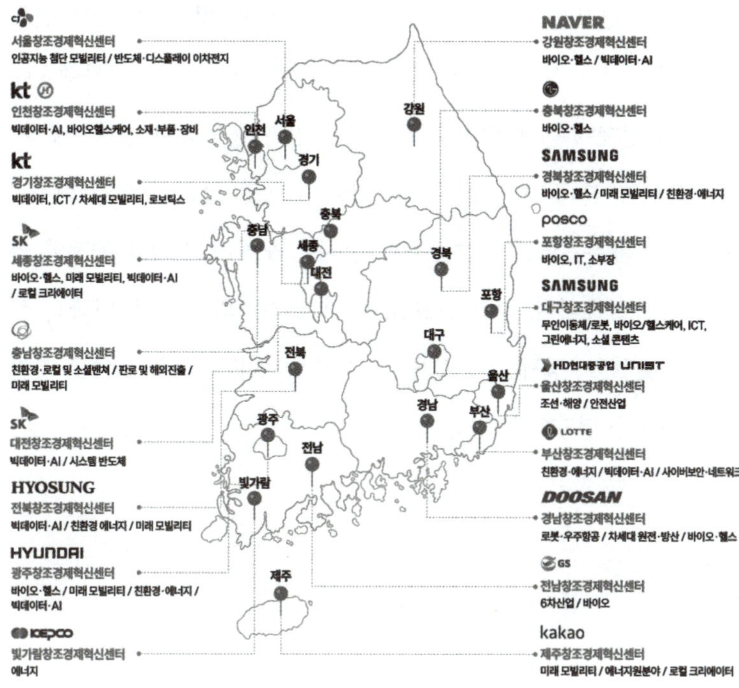

(출처: ccei.creativekorea.or.kr)

제혁신센터는 정부·지자체·대기업이 협력하는 체계로 전국에 19곳이 설립되었고, 창업 지원, 멘토링, 투자 유치, 해외 진출 등 스타트업 생태계의 허브 역할을 맡았습니다. 성과만 놓고 보면 결코 작지 않았습니다. 10년 동안 약 5,000개 이상의 스타트업을 육성했고, 56개 기업의 IPO 및 M&A 성공을 이뤘으며, CES 혁신상을 수상한 스타트업 87곳을 배출했습니다. 기술 이전과 투자 네트워크 구축

등 표면적인 결과만 보면 일정 부분 성과를 거둔 셈입니다.

그러나 평가는 냉정했습니다. 2017년에 제4차 산업혁명위원회 위원장은 "창조 경제는 전반적으로 실패한 정책"이라고 평가했습니다. 창조 경제에 대해 비전은 있었지만 성과는 부족한 정책으로 지적하였으며 신규 고용 효과도 미미한 것으로 알려지고 있습니다. 정책의 이름은 '창조'였지만, 실행 방식은 오히려 관리와 행정의 언어에 가까웠습니다. 정부 관료조차 창조 경제의 개념을 명확히 설명하지 못했고, 정책은 '무엇을 할 것인가'보다 '무엇을 보여줄 것인가'에 초점을 맞추었습니다.

창의는 문화로 뿌리내려야 한다

창조 경제는 분명 한국 사회에 새로운 가능성을 열었습니다. 스타트업과 기술 창업이라는 새로운 패러다임을 제시했고, 정부가 혁신 생태계의 조력자로 나서기 시작한 시점이었습니다. 이는 과거 산업화 모델에서 찾아보기 힘든 진일보한 변화였습니다. 하지만 빛이 강했던 만큼 그림자도 짙었습니다. 창의는 원래 자유와 자발성의 토양에서 피어나지만, 정책은 언제나 제도와 규범의 틀 속에서 작동합니다. 창의가 제도화되는 순간, 그 본질은 '창조'에서 '관리'로 변질되기 쉽습니다. 혁신의 현장이 보고서와 예산에 종속되면 창조는 멈추고 행정만 남습니다.

또한 당시 정책은 기술 중심의 창의에 집중했지만 사람과 사회, 문화적 상상력의 창의를 포괄하지 못했습니다. 그 결과, 창조 경제는 '경제'로는 남았으나 '창의의 문화'로는 확장되지 못했습니다. 그러나 비판에도 불구하고, 창조 경제의 철학은 여전히 유효합니다. 창의와 혁신을 성장의 중심축으로 세운 시도였기 때문입니다. 정부가 성장 정체기라는 난국 속에서 창의적 돌파구를 모색하려 했다는 점 자체는 어느 때보다 바람직한 방향이었습니다.

다만 문제는 이해의 깊이와 추진의 방식이었습니다. 정책이 슬로건에 그쳤던 이유는 창의가 '무엇을 위한 것인가'에 대한 통찰이 부족했기 때문입니다. 만약 시장 중심의 자율 구조, 소프트 파워 중심의 지원 체계가 병행되었다면, 오늘의 대한민국은 세계 창의적 경제 문화의 선도국가로 자리했을지도 모릅니다. 이제는 창조 경제를 다시 정치의 언어가 아닌 생존의 언어, 미래의 언어로 되살려야 할 때입니다. AI와 4차 산업혁명으로 대표되는 초격차 경쟁의 시대, 창의와 혁신을 단순한 구호가 아니라 국가·기업·개인의 생존 전략으로 재정립해야 합니다.

창조 경제는 비록 완전하지 않았지만, '경제의 중심에 창의를 두는 최초의 시도'로써 의미를 남겼습니다. 그 유산은 지금도 창업 생태계, 벤처 투자, 지역 혁신센터의 형태로 이어지고 있습니다. 그러나 이제 우리는 깨닫습니다. 창의는 정책이 아니라 문화이며, 정부가 만들어 내는 것이 아니라 사람이 살아내는 것이라는 사실을 말입니다. 정책이 할 일은 창의를 설계하는 것이 아니라 창의가 자라

날 수 있는 토양을 조성하는 일입니다.

창조 경제의 성공과 실패는 우리에게 하나의 명제를 남깁니다. "창의는 관리의 대상이 아니라 생명의 순환이다." 이제 그 순환을 다시 시작해야 합니다. 그리고 그 시작은 국가가 아니라 개인 한 사람, 정책이 아니라 문화와 상상력에서 비롯될 것입니다.

본질을 꿰뚫어 미래를 바꾸다: 창의의 힘

2장

창의란 정답을 찾는 능력이 아니라 당연하게 여겨온 것을 의심하는 힘이다.

그 뿌리는 사람에 대한 깊은 이해에서 비롯되며

우리 사회가 인간의 온기로 가득할 때 비로소 창의는 살아 숨 쉬게 된다

창의란 정답을 찾는 능력이 아니라 당연하게 여겨온 것을 의심하는 힘이다.

그 뿌리는 사람에 대한 깊은 이해에서 비롯되며

우리 사회가 인간의 온기로 가득할 때 비로소 창의는 살아 숨 쉬게 된다

다르게 보라,
인간을 향하라

성장의 한 축인 창의에 대해 조금 더 깊이 들어가 보겠습니다. 앞서 우리는 창의를 '현 시대를 살아가는 사회구성원에게 경제적 이득을 가져다 주거나 정신적 행복을 줄 수 있는 사고나 행위'라고 정의했습니다. 이 정의를 조금 더 압축해서 표현하면, 창의의 두 축은 '사람'과 '이로움(행복)'입니다. 사람을 이해하지 못하면 이로움을 설계할 수 없습니다. 사람에 대한 통찰이 부족한 상태에서 탄생한 아이디어는 아무리 그럴듯해도 금세 한계를 드러나게 마련입니다.

창의 없이 제대로 된 혁신이 있을 수 없고, 혁신 없이 지속 가능한 성장은 존재하기 어렵습니다. 그렇다면 창의성을 높이기 위해 우리는 무엇을 준비해야 할까요? 우리 사회의 교육, 제도, 문화, 디지털 환경은 과연 창의성 배양에 우호적인 토양일까요? 창의에 영향을 미치는 요소들을 하나씩 짚어 보고, 이를 강화하는 체계가 구축된다면 '성장'이라는 목표에 한층 가까이 다가갈 수 있을 것입니다. 그리고 그 출발점은 언제나 사람에 대한 이해가 되어야 합니다.

경제가 위기일 때 왜 인문학이 중요한가

한국 사회에서 인문학이 유난히 주목받았던 시기가 있습니다. 2008년 글로벌 금융 위기 이후부터 2010년대 중반까지 이어진 이른바 인문학 열풍입니다. 2008년 금융 위기는 미국의 서브프라임 모기지 사태에서 촉발된 주요국들의 GDP 하락, 즉 미국이 -2.5퍼센트, 유럽연합 -4.3퍼센트, 일본 -5.4퍼센트, 독일 -5.7퍼센트 등 일제히 마이너스를 기록하는 초유의 상황을 낳았습니다. 기업은 줄줄이 벼랑 끝으로 내몰렸고, 실업자는 급증했습니다. 우리나라 역시 예외는 아니었습니다.

이처럼 삶의 기반이 흔들리는 시기에 사람들은 본능적으로 "나는 누구인가, 어떻게 살아야 하는가"라는 질문으로 돌아갑니다. 이 질문에 답을 건네는 학문이 바로 인문학이었습니다. 당시 큰 인기를 끌었던 방송 프로그램이 「어쩌다 어른」입니다. 2015년부터 방영된 이 프로그램은 김창옥, 설민석, 김미경 등 다양한 강연자들이 어른들의 고민과 불안을 주제로 인문학적 통찰을 나누며 큰 공감을 얻었습니다. 지식 전달을 넘어, 시청자가 자기 자신을 이해할 수 있도록 돕는 데 초점을 두었다는 점에서 인문학 열풍의 상징적인 단면이었습니다.

기업도 마찬가지였습니다. 경쟁이 격화되고 수익성 개선이 쉽지 않은 상황에서 단순히 비용을 줄이고 조직을 재편하는 방식으로는 더 이상 돌파구를 찾을 수 없다는 사실을 깨달았습니다. 그때 주목한 것이 '사람에 대한 이해', 곧 인문학이었습니다. 고객이 왜 이런 선택을 하는지, 직원이 어떤 환경에서 동기부여를 느끼는지, 사회가 어디로 움직이고 있는지를 이해하지 못하면 게임의 룰 자체를 바꿀 수 있는 창의적인 전략은 나올 수 없습니다. 경제는 사람을 통해 움직이는 시스템이기 때문입니다. 4차 산업혁명으로 경쟁 구도는 더 치열해지고 있습니다. 한 번 밀리면 따라잡기 힘든 형국, 중간에 낙오되면 다시 기회를 얻기 어려운 시대입니다. 이런 시기일수록 다시 한번 인문학의 통찰이 필요합니다. 사람을 이해하는 학문을 경영과 정책의 중심에 두는 흐름이 다시 한번 거세게 일어나기를 기대해 봅니다.

답보다 중요한 '다르게 보는 법'

그렇다면 기업과 개인이 성장하기 위해 필수적인 창의성은 어떻게 측정하고, 또 어떻게 향상할 수 있을까요? 세계적으로 널리 쓰이는 창의성 평가 도구로 '토런스 창의적 사고 검사^{Torrance Test of Creative} ^{Thinking}(이하 TTCT)'가 있습니다. 언어 검사와 도형 검사를 통해 얼마나 다양한 관점과 상상력을 발휘하는지 평가하는 방식입니다. 예를 들면, "이 사진을 보고 가능한 한 많은 질문을 떠올려 보세요." "저 사람은 왜 다른 사람을 때리고 있을까요?" "그 후에 어떤 일이 벌어질지 상상해 보세요." 등과 같이 하나의 상황을 제시해 놓고 정답을 찾게 하는 것이 아니라 얼마나 다채로운 가능성과 이야기를 만들어 내는지 보는 것입니다.

지능 검사가 하나의 정답을 찾는 능력을 평가한다면, 창의성 검사는 여러 개의 답을 만들어 내는 능력을 평가합니다. 만약 초·중등 교육에서 지능 검사 대신 이런 창의성 검사가 널리 활용된다면 아이들이 어릴 때부터 '다르게 생각하는 힘'을 기르는 데 큰 도움이 될 것입니다. 개인적인 경험도 하나 소개해 보겠습니다. 직장 생활 초기에, 저는 주어진 일을 '그냥 그런가 보다' 하고 받아들이는 편이었습니다. 그때 한 선배가 해 준 말이 아직도 기억납니다.

"세상에 당연한 건 없어. 당연한 걸 의심해야 다르게 볼 수 있어."

뉴턴이 사과가 떨어지는 모습을 보고 "사과는 당연히 아래로 떨어지는 거지."라고 생각했다면 만유인력의 법칙은 세상에 나오지 못했을 것입니다. 뉴턴의 발견은 오늘날 인공위성 궤도 계산, 우주 탐사, 위성통신, 지구 관측 시스템 등 수많은 산업과 일상에 깊이 있게 쓰이고 있습니다.

경제·경영에서도 마찬가지입니다. 우리가 너무 익숙하게 받아들이는 것들, 예를 들어 서비스의 방식, 유통 채널, 가격 구조, 경쟁 전략을 '원래 그런 것이다'로 치부하지 않고 다시 바라보는 순간, 그 안에서 각자의 '만유인력의 법칙'을 발견하게 될지도 모릅니다. 당연한 것을 당연하게 보지 않는 태도가 창의적으로 살아가는 첫걸음입니다.

아는 것에 '왜'를 물어라

'백화점의 쓸모는 무엇입니까?' 이 질문에 사람들은 대부분 "물건을 팔아 수익을 내는 공간"이라고 대답할 것입니다. 틀린 말은 아닙니다. 다만 너무 당연한 말입니다. 과거 많은 백화점들은 이 '당연함'에 갇혀 있었습니다. 고객의 동선과 편의보다 판매와 진열 효율에 초점을 둔 공간 설계, 구매를 유도하기 위한 음악과 조명, 프로모션까지 모든 것이 '판매'에 맞추어져 있었습니다. 그 결과는 어땠을까요? 미국의 유명 백화점 시어스Sears는 경영난으로 결국 문을 닫았고, JC페니JCPenney 역시 파산보호 신청 후 구조조정의 길을 걷고 있습니다. 우리나라도 명품 소비 증가라는 차별화된 요소가 있기는 하지만 온라인 유통의 확산, 대형마트와 아울렛, 이커머스의 부상 등으로 성장세가 꺾였다는 점에서는 크게 다르지 않습니다.

그런데 이 어려운 환경 속에서도 '백화점=판매 공간'이라는 공식을 깬 사례가 등장했습니다. 바로 여의도에 자리 잡은 '더현대 서울'

입니다. 더현대 서울은 값비싼 도심 상권에 문을 열면서도 매장의 상당 부분을 실내 정원, 문화·전시 공간, 라이프스타일 체험 공간으로 구성했습니다. 상품 진열보다 머무는 경험에 초점을 맞춘 것입니다. 도심 한가운데에서 쇼핑을 하고, 실내 정원에서 자연의 푸르름을 누리고, 전 세계의 다양한 음식을 즐길 수 있는 공간을 만들었습니다. 백화점의 정체성을 '판매'에서 '경험'으로 재정의한 결과, 더현대 서울은 서울을 대표하는 랜드마크로 자리 잡았습니다.

마찬가지로, 생수 역시 '사 먹는 물'이라고만 생각하면 아무런 이야기가 나오지 않습니다. 하지만 질문을 이렇게 바꾸면 어떨까요. "사람들은 왜 물을 사서 마시게 되었을까?" 집에 다시 돌아가 물을 마시기 어렵고, 식당에 들어가 "물 한 잔만 주세요"라고 부탁하기도 민망한 상황에서 언제 어디서나 깨끗한 물을 마시고 싶다는 욕구가 있습니다. 이 욕구를 포착하여 '그렇다면 사람들이 쉽게 들고 다닐 수 있는 물을 만들면 어떨까?'라고 질문한 순간, 창의가 탄생합니다. 그 다음 단계에서 플라스틱 병 디자인, 유통망 구축, 대량생산 체계를 마련한 것은 혁신입니다.

창의는 문제를 새롭게 보는 관점이고, 혁신은 그 관점을 실제 세상에 구현하는 과정입니다. 우리가 너무 어렵게 생각하는 '창의'는 실은 이처럼 아주 단순한 질문에서 시작됩니다.

"왜?"

"반드시 기존의 방식대로 해야 하는가?"

"다르게 해 보면 어떠한가?"

이 세 가지 질문만으로도 세상을 바라보는 눈은 충분히 달라질
수 있습니다.

창의를 위한 인풋, 독서와 경험

창의라는 아웃풋output을 얻기 위해서는 반드시 충분한 인풋input
이 필요합니다. 아무것도 보지 않고, 듣지 않고, 경험하지 않은 상태
에서 완전히 새로운 아이디어가 나온다면 그야말로 기적에 가깝습
니다. 독서는 여전히 가장 강력한 인풋 수단입니다. 한 분야만 파고
드는 독서도 중요하지만, 전문 분야에 더해 인문학·사회·예술·철
학 등 다양한 영역을 넘나드는 하이브리드 독서가 창의성에 특히
도움이 됩니다.

실제로 독서량과 창의성의 상관관계를 분석한 연구들을 보면,
결과상 수치에 차이는 있지만 대체로 0.45~0.60 수준의 양의 상관
관계를 보입니다. 독서가 문제 인식과 해결 능력, 유연한 사고를 자
극하는 데 기여한다는 의미입니다. 좀 더 체계적이고 과학적인 연구
가 축적된다면 공교육과 기업 인재 양성 프로그램 설계에 큰 도움
이 될 것입니다.

책을 고르는 일이 막막하다면 TV 프로그램·신문·인터넷 서점
리뷰를 참고하는 것도 좋습니다. 요즘은 독서 취향을 분석해 책을
추천해 주는 앱도 있습니다. 가까운 서점을 찾아가 '표지 독서'를 해

보는 것도 좋은 시작입니다. 입구에서부터 각 코너에 전시된 책들의 제목과 표지를 쭉 둘러보기만 해도 지금 세상이 무엇을 고민하고 있는지 한눈에 들어옵니다. 서점은 말 그대로 세상의 흐름을 공짜로 알려 주는 선생님입니다. 또 하나의 방법은 AI를 활용하는 것입니다. 예를 들어 챗GPT_{ChatGPT}에 "창의성을 키우는 데 도움이 되는 책"을 물어보면 『생각의 탄생』, 『생각하지 않는 사람들』, 『훔쳐라, 아티스트처럼』, 『빅매직』 등 다양한 추천 목록을 받을 수 있습니다. 이 추천을 출발점으로 삼아 자신의 독서 지도를 그려 보는 것도 충분히 의미 있는 시도입니다.

물론 독서만이 답은 아닙니다. 다양한 경험 역시 창의성의 중요한 자양분입니다. 2014년에 독일 노동자 46명을 대상으로 2~3주간의 휴가 전후 창의성 테스트를 비교한 연구에 따르면, 여행이 창의성 향상에 긍정적인 영향을 미친다는 결과가 나왔습니다. 내가 가보지 않은 길, 낯선 음식, 새로운 사람들 등 익숙한 환경에서 벗어나는 경험은 굳어 있던 사고의 틀을 유연하게 만들며 불현듯 새로운 아이디어를 떠올리게 합니다.

직장 생활도 마찬가지입니다. 누군가에게는 기피 부서로 여겨지는 팀에서 누군가는 탁월한 통찰과 전문성을 쌓습니다. 같은 경험을 하고도 전혀 다른 결과가 나오는 이유는 일을 바라보는 '시각의 차이'입니다. 아무리 하찮아 보이는 업무도 "이 일에는 어떤 의미가 있을까? 어떤 구조가 숨어 있을까?"라는 관점에서 접근하면 머지않아 조직이 그러한 관점으로 임하는 인력에 의존하게 될 정도의 전문성이 축적됩니다. 그 경험은 시간이 흘러 새로운 아이디어를 낳는 소중한 원재료가 될 것입니다.

삼성전자와 현대자동차도 처음부터 '거인기업'이 아니었습니다. 1938년 대구의 작은 무역상회로 출발한 삼성상회, 1967년 자본금 1억 원으로 출발한 현대자동차 두 기업 모두 수많은 시행착오와 경험을 버텨 내며 오늘의 자리에 올랐습니다. 사소해 보이는 시작과 실패의 조각들이 결국 거대한 창의와 혁신으로 이어진 것입니다.

짧아진 집중력, 사라지는 창의력

창의를 키우는 요소가 있다면, 반대로 창의를 갉아먹는 요소도 있습니다. 오늘날 우리가 가장 손쉽게 접하는 콘텐츠가 바로 쇼츠 Shorts입니다. 짧은 시간 동안 강렬한 자극을 주는 영상은 즉각적인 즐거움과 도파민을 제공합니다. 하지만 그만큼 생각하고 머무는 시간은 줄어듭니다. 책은 읽는 동안에는 지루할 수도 있지만, 마지막 장을 덮는 순간 깊은 만족감과 함께 천천히 도파민이 분비됩니다. 쇼츠는 '즉시 만족'의 방식이고, 책은 '지연된 만족'의 방식입니다. 이 둘의 균형이 무너질 때 집중력과 사고력은 급격히 약해집니다.

실제로 한국의 성인 문해력 수준은 OECD 국가 평균보다 낮고, 최근 10년간 가장 큰 폭으로 하락한 국가 중 하나로 보고됩니다. '심심한 사과'를 '지루한 사과'라고 오해해 논란이 되거나 학교 안내문에 적힌 '중식中食'을 중국음식으로 받아들여 항의하는 사례는 웃어 넘길 해프닝 같지만, 그 이면에는 문해력 저하라는 심각한 문제가 자리하고 있습니다.

문해력이 떨어지면 문장을 깊이 읽지 못하고, 그 결과 생각의 깊이도 얕아집니다. 생각이 얕아지면 창의의 토대도 흔들립니다. 창의 없는 혁신은 방향을 잃고, 선한 의도가 없는 혁신은 오히려 인간의 삶을 파괴할 위험이 있습니다. 이런 문제를 우려해 청소년의 소셜 미디어 이용을 제한하는 국가들도 등장하고 있습니다. 호주는 16세 미만 청소년의 SNS 사용을 전면 금지하는 법안을 발표했고, 청소년 보호를 위한 구체적인 시행 일정까지 제시했습니다. 이는 단순한 규제가 아니라 집중력과 사고력을 지키기 위한 사회적 안전장치라 할 수 있습니다.

콘텐츠 이용에 대한 적절한 규제와 가이드라인은 청소년을 유해한 정보로부터 보호하는 데 그치지 않고, 독서·운동·예술·놀이 등 창의력을 자극하는 활동에 더 많은 시간을 투자할 수 있도록 돕습니다. 결국 이는 개인의 성장뿐 아니라 국가 경쟁력의 기반을 다지는 일이기도 합니다.

사람을 향한 이해가 창의의 시작이다

지금까지 살펴본 것처럼 창의성은 타고난 재능이 아니라 사람을 이해하려는 태도, 그리고 다양한 경험과 깊이 있는 인풋을 쌓으려는 노력에서 비롯됩니다. 당연해 보이는 것에 질문을 던지고, 익숙한 것에서 한 발짝 벗어나 보고, 책과 사람, 경험과 사유를 통해 자신만의 관점을 쌓아 갈 때 비로소 창의라는 씨앗은 싹을 틔웁니다.

기억하십시오. 사람을 이해할 때, 창의가 피어납니다. 사람을 잃어버린 기술은 혁신이 될 수 없고, 사람을 향하지 않는 성장에는 지속 가능성이 없습니다. 창의와 혁신의 출발점은 언제나 "인간을 얼마나 깊이 이해하려 했는가?"라는 질문에서 다시 시작될 것입니다.

더 늦기 전에
인문학을 살려야 하는 이유

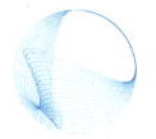

기술과 인문학 그리고 교양 학문이 결합될 때
비로소 우리의 마음을 기쁘게 하는 결과가 탄생한다.

-스티브 잡스

창의성은 어느 날 갑자기 하늘에서 떨어지는 선물이 아닙니다. 당연한 것에 질문을 던지는 태도, 꾸준한 독서, 다양한 경험, 산책과 운동 같은 신체 활동이 복합적으로 작용하면서 서서히 힘을 얻습니다. 따라서 이 요소들을 얼마나 많이, 어떤 방식으로 삶에 담아내는가에 따라 개인의 창의성 강도 또한 달라질 수 있습니다. 그렇다면 현실적으로 한정된 시간과 자원을 어디에 우선적으로 투자해야 조금이라도 더 효과적으로 창의성을 키울 수 있을까요?

이를 위해서는 창의성과 관련된 여러 요인 사이의 인과관계를 분석하는 연구와 이에 대한 장기적인 투자가 필요합니다. 그 연구 결과가 교육, 기업, 정책에 체계적으로 반영된다면 세상은 지금보다 훨씬 더 창의적인 방향으로 움직일 수 있을 것입니다. 그 출발점에 인문학을 두어야 합니다. 앞에서 살펴본 내용을 토대로, 창의성 향상에 도움이 될 수 있는, 조금은 엉뚱해 보일 수 있지만 의미 있는 아이디어를 제안해 보고자 합니다.

인문학을
모든 기초로 삼는다

한때 열풍처럼 주목받았던 인문학은 지금 심각한 위기를 맞고 있습니다. 고등 교육을 통해 인재를 길러야 할 대학이 사실상 '취업 준비 기관'으로 변질된 지는 이미 오래입니다. 취업에 직접적인 도움이 되지 않는 학과, 특히 인문대학의 경우 신입생 모집이 갈수록 어려워지고 있습니다. 최근 3년간 약 700여 개 학과가 통폐합되었고, 입학 정원도 27퍼센트나 줄어들었다고 하니 '인문학의 위기'라는 말이 결코 과장이 아닙니다.

학생들은 인문학을 '취업에 도움이 안 되는 학문'으로 인식하고, 대학은 수요가 적다는 이유로 인문학 관련 학과를 축소하거나 폐지합니다. 실용주의가 팽배한 시대 분위기 속에서 인문학은 점점 더 설 자리를 잃어 가고 있습니다. 하지만 인문학은 취업에 덜 유리한 학문이 아니라 '창의와 혁신의 핵심 자산'이라는 이해가 필요합니다. 사람과 사회, 가치와 의미를 이해하는 힘이 없이는 어떤 기술도,

어떤 비즈니스 모델도 진정한 혁신으로 이어지기 어렵기 때문입니다. 그런 의미에서 인문학의 퇴조는 곧 창의성 토대의 붕괴이며, 우리 사회의 장기적인 경쟁력을 위협하는 위험 신호이기도 합니다. 이제는 인문학을 되살리기 위한 사회 전체의 노력이 필요합니다.

그렇다면 인문학을 어떻게 되살릴 수 있을까요? 현실적으로 학생들이 전기, 전자, 컴퓨터, 경제, 경영 등 취업에 유리한 학과를 선호하는 흐름을 억지로 되돌리기는 어렵습니다. 하지만 그렇다고 인문학의 쇠퇴를 그냥 지켜보기만 하기에는 대가가 너무 큽니다. 하나의 방법은 대학 1, 2학년이 주로 수강하는 교양 필수·선택 과목 제도를 적극적으로 활용하는 것입니다. 예를 들어, 공대와 상경계열 학생들이 일정 학점 이상을 반드시 인문대·미대·음대 등의 교양 과목으로 채우도록 하는 것입니다.

인문학, 철학, 예술, 문학, 역사 등 '사람을 이해하는 학문'에 자연스럽게 노출되는 경험을 제공하는 것이지요.

이미 인문계 학생들에게 코딩 교육을 제공하는 움직임이 확산되고 있습니다. 이와 같은 원리로, 실용 학문을 공부하는 학생들에게 인문학적 소양을 더해 주는 것입니다. 창의성은 결국 사람에 대한 이해를 기반으로 해야 합니다. 그렇다면 인문학적 토대 위에 실용 학문을 쌓은 학생일수록 '인간에게 진정한 도움이 되는 기술, 서비스, 정책'을 설계할 가능성이 높습니다. 이런 학생들이 사회로 나가 기업과 국가의 성장을 이끌고, 대한민국을 넘어 전 세계 시장에서 통할 비즈니스 아이디어를 발굴할 수 있을 것입니다.

세계 최고의 대학으로 꼽히는 하버드 대학교가 모든 학문의 바탕에 인문학을 두는 이유도 여기에 있습니다. 하버드대학 출신 창업자들이 단순 기술 개발을 넘어 사회 문제 해결과 글로벌 임팩트를 지향하는 배경에는 보이지 않지만 깊이 뿌리내린 인문학적 소양이 자리하고 있다고 보아도 무방합니다. 조금 더 나가 보면, 이런 실험도 상상해 볼 수 있습니다. 인문대 소속의 컴퓨터공학과 같이 일부 실용 중심 인기 학과를 아예 인문대에 배치하는 것입니다. 다소 엉뚱하게 들리지만, 기술과 인문학을 가장 밀접하게 융합할 수 있는 구조 중 하나입니다.

물론 학사 운영, 조직 구조, 예산, 교수 충원 등에서 여러 가지 부작용과 현실적인 난제가 존재할 것입니다. 그럼에도 불구하고 인문학을 학문의 중심에 다시 세우려는 실험은 충분히 시도해 볼 가치가 있습니다. 2008년 금융 위기 당시, 수많은 기업 CEO가 생존 전략으로 인문학을 찾았던 것처럼, 인문학은 사회가 정상적으로 작동하기 위한 필수 도구입니다. 이제 우리 역시 인문학을 통해 새로운 교육 실험과 사회 실험을 시작해야 합니다. 제2의 인문학 열풍이 일시적 유행이 아닌 성장을 떠받치는 사회 인프라로 자리 잡고, '인문학이 곧 창의와 혁신의 토대'라는 인식이 우리 사회의 상식으로 뿌리내리기를 기대해 봅니다.

뜨거운 교육열,
창의엔 취약한 한국 교육 시스템

한국은 높은 대학 진학률과 뜨거운 교육열을 가진 나라입니다. 유치원부터 대학교까지 적어도 16년 이상을 학교에서 보냅니다. 이 긴 시간을 창의성 향상을 위한 기회로 활용한다면 우리 사회는 충분히 '창의 강국'으로 성장할 수 있습니다. 하지만 지금의 교육 시스템은 어떨까요? 초등학교와 중학교의 국어 교육을 보면 "이 글을 읽고 어떤 점이 인상 깊었는지 쓰세요."라는 개방형 서술 문항이 도입되어 있습니다. 설명문과 이야기에서 중심 내용을 찾거나 글의 흐름에 맞게 문장을 배열하는 등 전체 맥락을 이해하는 능력을 평가하는 문항들도 존재합니다.

이러한 시도들은 분명 창의성과 사고력을 자극하는 측면이 있습니다. 문제는 대입 과정에서의 평가 방식입니다. 수능 국어 영역은 대부분 5지 선다형이며, 총 45문항을 80분 안에 풀어야 합니다. 짧은 시간에 많은 문제를 처리해야 하는 구조상 깊이 있는 사고나 자유로운 해석보다는 '얼마나 빠르고 정확하게 정답을 고르는가'에 초점이 맞춰질 수밖에 없습니다. 어쩌면 AI가 가장 우수한 점수를 받을 수 있는 평가 방식에 가깝다고 볼 수 있습니다. 채점의 공정성과 객관성을 확보해야 한다는 현실적 제약이 있겠지만, 이런 평가만으로 선발된 학생들에게 대학에 와서 갑자기 폭발적인 창의성을 발휘하라고 기대하는 것은 애초부터 무리일지도 모릅니다.

실제로 우리나라의 유수 대학들은 세계 대학 순위 상위권에서 찾아보기 어렵습니다. 상위 10위권 안에 이름을 올린 대학은 없고, 그나마 몇몇 대학이 30~50위권에 자리하고 있을 뿐입니다. 인문학이 학문의 토대가 되지 못하고, 창의성을 충분히 반영하지 못하는 평가 방식이 유지되는 한 '한국판 하버드'를 꿈꾸기란 쉽지 않아 보입니다. 교육과 평가 과정은 창의성을 높일 수 있는 가장 효율적인 레버리지reverage입니다. 따라서 창의성에 핵심적인 영향을 미치는 변수들을 과학적으로 규명하고, 그에 기반해 교육과정과 평가 방식을 재설계한다면 한국 사회도 충분히 지속 성장이 가능한 코어 인프라를 갖출 수 있을 것입니다.

기업이 고민해야 할 창의 환경 시스템

교육만으로는 충분하지 않습니다. 성인은 대부분 기업과 조직에서 시간을 보냅니다. 글로벌 경쟁이 날로 치열해지는 환경에서 기업이 살아남기 위해서는 가격 경쟁이나 효율 개선만으로는 한계가 분명합니다. 경쟁의 규칙 자체를 바꾸는 발상, 즉 게임 체인저가 필요합니다. 그 출발점은 결국 '직원의 창의성'입니다. 많은 기업이 "인재가 가장 큰 자산"이라고 말합니다. 하지만 정작 인재들이 어떻게 창의적으로 일할 수 있는지에 대한 구체적 방법론은 거의 제공되지 않습니다.

"창의적으로 생각하라" "혁신적인 아이디어를 내라"라는 주문은 넘치지만, 그 주문을 가능하게 해 줄 환경이나 제도, 훈련, 평가 체계는 부족한 것이 현실입니다. 이런 상황에서는 결국 '창의적이어야 한다'는 부담만 직원에게 떠넘기는 꼴이 됩니다. 창의는 개인의 덕목으로 남고, 조직은 그저 '창의적인 결과물'만 기대하는 구조가 되는 것입니다. 기업이 해야 할 역할은 분명합니다. 우리 회사에 맞는 고유한 창의성 제고 방법론을 고민하고, 이를 제도화하여 업무·회의·평가 방식에 녹여 내며, 실패를 용인하고, 시도를 장려하는 문화를 구축하는 것입니다.

하지만 개별 기업이, 특히 중소기업이 이 모든 것을 독자적으로 개발하고 검증하기는 쉽지 않습니다. 시간, 비용, 전문 인력 등 여러 측면에서 한계가 뚜렷합니다. 따라서 국가 차원에서 창의성에 영향을 주는 주요 변수들에 대한 연구와 기업이 활용할 수 있는 표준화된 방법론을 제공하고, 각 기업은 여기에 자사만의 특성을 더해 '우리 회사만의 창의 시스템'을 구축하는 방식이 바람직해 보입니다. 이런 노력은 학교 교육, 교원 양성, 인재 채용, 사내 교육, 리더십 개발 등 사회 전반에 큰 영향을 미칠 것입니다. 결국 사회 구성원의 역량 제고, 기업 경쟁력 향상, 국가 경쟁력 강화라는 선순환 구조를 만드는 기반이 될 수 있습니다.

인문학이 되살아 날 때 창의도, 미래도 살아난다

인문학은 당장의 먹고사는 고민을 해야 하는 우리 삶의 사치품이 아니라 창의와 혁신, 성장의 필수 인프라입니다. 인문학을 살리는 것은 취업과 거리가 먼 학문 하나를 보호하는 문제가 아니라 사람을 이해하는 능력을 되살리고 그 위에 기술과 경제를 다시 세우는 작업입니다.

인문학을 중심에 놓을 때 교육은 사람을 키우는 과정이 되고, 기업은 사람을 통해 성장하는 공간이 되며, 국가는 사람을 기반으로 지속 가능한 미래를 설계할 수 있습니다. 인문학을 살리면 창의는 물론, 한국의 미래도 함께 살아날 것입니다.

우리의 창의는
지금 어떤 모습인가

지능의 척도는 변화하는 능력이다.

-알베르트 아인슈타인

사람에 대한 이해는 창의성의 가장 핵심적인 요소입니다. 사람을 이해하지 못한 창의는 오래 지속될 수 없으며, 따라서 인문학에 대한 사회적 공감대 형성은 우리 사회가 지속적으로 성장하기 위한 첫걸음이 되어야 합니다. 인문학을 경시하기보다는 이를 포용하고, 새로운 방법으로 사회 속에 녹여 내려는 다양한 시도들이 필요합니다. 그렇다면 창의의 결과물은 어떤 형태로 표현될까요? 서비스의 혁신, 새로운 제품의 등장, 또는 새로운 지식의 창출인 논문 등 그 모습은 다양합니다. 이 가운데 논문은 국가의 창의성과 연구 역량을 가장 객관적으로 보여 주는 지표라 할 수 있습니다.

대륙의 창의가 세계 시장을 장악하다

논문의 가치는 창의성, 논리성, 객관성, 정확성 그리고 표절 여부 등 여러 지표에 따라 평가됩니다. 따라서 국가별 논문 발표 건수와 인용 건수를 보면 그 나라의 창의적 역량을 가늠할 수 있습니다. 2023년 '과학기술논문 인용 색인Science Citation Index'(이하 SCI) 기준으로 전 세계 논문 발표 수를 보면 중국이 73만 477건(22.83%)으로 세계 1위를 차지했습니다. 그리고 미국(43만 2,589건), 인도(12만 4,830건), 일본(8만 5,410건)이 뒤를 잇따릅니다. 한국은 7만 5,325건으로 세계 점유율 2.35퍼센트, 12위권에 자리합니다.

다행히 GDP 대비 논문 생산성으로 보면 우리나라는 주요 선진국과 비슷한 수준을 유지하고 있으며, 논문 발표 수 또한 꾸준히 증가하고 있습니다. 양적인 면에서 볼 때 우리 사회의 창의 역량이 점진적으로 향상되고 있음을 보여 주는 대목입니다. 하지만 질적인 측면도 함께 살펴봐야 합니다. 논문 인용 건수는 과학기술 연구의 영향력과 창의성 수준을 평가하는 중요한 지표입니다. 최근 3년간 중국은 논문 수뿐 아니라 인용 건수에서도 세계 1위를 기록하며 2위인 미국과의 격차를 빠르게 벌리고 있습니다. 미국은 여전히 상위권을 지키고 있지만, 중국의 속도에 비하면 정체된 인상을 줍니다.

이처럼 논문의 수와 질을 함께 고려할 때, 중국의 전기차·반도체 산업이 세계 시장에서 약진하는 이유를 이해할 수 있습니다. 연구실의 창의가 곧 산업 경쟁력으로 연결되고 있는 것입니다. 반면 우리나라는 논문 수와 인용 건수 모두 꾸준히 증가하지만 세계 평균 대비 순위는 다소 하락세를 보이고 있습니다. 수출 중심 국가로서의 생존력을 유지하기 위해서는 이 부분에 대한 근본적인 대책이 필요합니다.

중국의 부상은 실로 놀라운 일입니다. 불과 10여 년 전까지만 해도 '중국산' 하면 싸지만 금세 고장 나는 제품이 먼저 떠올랐습니다. 그러나 최근의 중국은 완전히 다른 길을 걷고 있습니다. '대륙의 실수'라는 표현이 생겨날 만큼 가격 대비 성능이 뛰어난 제품들이 시장을 휩쓸고 있습니다. 중국에서 만들어진 고품질의 청소기를 일컫는 일명 '차이슨Chiyson'은 차이나China(중국)와 다이슨Dyson의 합성어로, 소비자들에게 가성비의 상징으로 통합니다. 또한 중국의 로봇 청소기 브랜드 '로보락Roborock'은 2025년 기준으로 글로벌 시장 점유율 1위를 차지했습니다. 저렴한 가격과 강력한 성능을 동시에 갖춘 제품들이 소비자의 마음을 단숨에 사로잡은 것입니다.

이제 그 파도는 전기차 시장으로 옮겨 가고 있습니다. 중국의 대표 전기차 브랜드 'BYD'는 유럽 시장에서 테슬라Tesla를 넘어서는 기염을 토했습니다. 2025년 4월 기준으로 BYD는 7,231대를 판매하며 테슬라(7,165대)를 처음으로 제쳤습니다. 플러그인 하이브리드 차량까지 포함하면 판매량은 전년 대비 무려 4배 이상 증가했습니다. 이는 단순히 '값싼 차가 많이 팔렸다'는 이야기가 아닙니다. 합리적인 가격, 기술력, 디자인의 세 박자가 맞아떨어진 결과이며, 중국의

2장
본질을 꿰뚫어 미래를 바꾸다: 창의의 힘

창의성이 세계 시장에서 본격적으로 통용되기 시작했다는 상징적 사건입니다.

● '싼 게 비지떡' 공식이 깨지다

몇 년 전, 상하이 출장 중 직접 방문한 적 있는 샤오미 전기차 전시장은 이 변화의 실체를 보여 주었습니다. 매장에는 대형 디지털 계기판과 감각적인 실내 인테리어는 물론이고, 하나같이 세련된 디자인의 전기차로 가득했습니다. '싼 게 비지떡'이라는 편견은 더 이상 통하지 않았습니다. 가격보다 먼저 눈에 들어온 것은 자동차의 완성도였고, 그 완성도는 "이러니 팔릴 수밖에 없다."라는 확신으로 이어졌습니다. 다시 함께 방문한 지인은 이렇게 말했습니다. "중국이 참 무섭네요. 소달구지나 만들 줄 알았는데, 제품성이 정말 뛰어난 것 같아요." 실제로 전시장은 차를 꼼꼼히 살피며 '꼭 갖고 싶다'는 눈빛을 보내는 젊은이들로 북적였습니다. 그들에게 드림카는 더 이상 테슬라가 아니라 자국 브랜드의 전기차였습니다. 이것은 단순한 애국심의 발현이 아니라 제품의 실질적 품질에 대한 긍정적 평가에서 비롯된 현상입니다. 즉 중국의 창의가 소비자의 신뢰를 얻는 단계에 도달했음을 보여 줍니다.

중국의 약진은 단순한 사실이 아니라 우리에게 던지는 경고음입니다. 중국의 주력 산업과 한국의 수출 산업 구조가 상당 부분 겹

치기 때문에 그들의 창의적 역량이 높아질수록 우리의 경쟁력은 상대적으로 약화될 수밖에 없습니다. 더 이상 '빠른 추격자Fast Follower' 전략으로는 생존을 보장받기 어렵습니다. 이제 한국 기업에게 필요한 것은 '새로운 판을 짜는 자', 즉 게임 체인저로 거듭나는 전환입니다.

그동안 한국 기업은 기술력과 생산 효율성, 완성도 높은 품질로 세계 시장을 이끌어 왔습니다. 하지만 지금의 글로벌 경쟁은 단순한 기술 싸움이 아닙니다. 고객의 감정, 경험 그리고 삶의 의미를 이해하는 능력이 경쟁력을 좌우합니다. 중국의 창의는 단순히 가격 경쟁력에서 비롯된 것이 아니라 사람들의 '욕망'을 정확히 포착한 결과입니다. BYD가 보여 준 성장은 단순히 전기차를 잘 만든 결과가 아니라 '누구나 접근 가능한 미래 이동수단'이라는 철학을 시장에 심은 결과입니다. 이제 우리 기업도 기술 중심의 사고에서 벗어나야 합니다. 기술은 수단일 뿐, 목적은 사람의 삶을 더 나은 방향으로 바꾸는 것입니다. 기술과 인문학, 데이터와 감성의 결합이 절실히 필요한 시점입니다.

기꺼이 자유롭게 실패를 경험하라

한국의 기업문화는 여전히 '완벽주의'와 '속도'에 갇혀 있습니다. 실패는 곧 낙인이고, 새로운 아이디어보다 보고서의 완결성이 우선

시됩니다. 하지만 창의는 예측할 수 없는 시행착오 속에서 피어나는 법입니다. 실리콘밸리의 창업가들이 실패를 자랑스럽게 말하는 이유는 실패 속에서 문제의 본질을 찾기 때문입니다. 실패를 관리하는 기업보다 실패를 통해 배우는 기업이 결국 더 오래갑니다. 알베르트 아인슈타인의 거듭된 실패와 관련해 자주 인용되는 말이 있습니다. "나는 실패한 것이 아니다. 단지 작동하지 않는 1만 가지의 방법을 발견했을 뿐이다." 이제 한국 기업에도 '실패를 학습 자산으로 삼는 문화'가 필요합니다. 직원들이 자유롭게 제안하고, 실험하고, 다시 도전할 수 있는 실험실 같은 조직문화를 만들어야 합니다. 창의의 씨앗은 자유로움 속에서 자랍니다.

창의는 한 개인의 머리에서 일어나지 않습니다. 산업, 학계, 정부 그리고 소비자가 서로 긴밀히 연결된 창의 생태계가 있어야 혁신이 지속될 수 있습니다. 중국의 약진 배경에는 국가 차원의 R&D 투자, 인재 양성, 산업 연계가 삼박자로 작동한 정책적 설계가 있습니다. 중국 정부는 '메이드 인 차이나 2025'를 통해 반도체·AI·전기차 등 핵심 산업에 집중적인 지원을 쏟아붓고 있으며, 기업들은 그 토대 위에서 창의적 실험을 이어 가고 있습니다.

한국 역시 지금이 그 전환의 시점입니다. 정부는 산업 간 칸막이를 허물고, 대기업은 스타트업과의 협력을 통해 '열린 혁신Open Innovation'을 제도화해야 합니다. 중소기업은 민첩성을, 대기업은 자본력과 인프라를 공유하면서 서로의 강점을 결합할 수 있는 창의적 연합 구조를 만들어야 할 것입니다.

소비자를 고객이 아닌
'공동 창작자'로

이제 소비자는 단순히 상품을 구매하는 존재가 아니라 가치 창조 과정에 참여하는 동반자가 되었습니다. 제품 리뷰, SNS 피드백, 온라인 커뮤니티 등 소비자들은 이미 브랜드의 설계 과정에 적극적으로 개입하고 있습니다. 중국 기업들이 빠르게 성장할 수 있었던 이유 중 하나는 바로 이 참여형 창의Co-Creation 모델을 적극적으로 활용했기 때문입니다. 소비자의 목소리를 실시간으로 제품 설계에 반영하고, 데이터 분석을 통해 즉각적인 제품 개선으로 이어 가는 속도가 기존 제조업의 프레임을 완전히 뒤흔든 것입니다.

한국 기업도 소비자를 '소비자Consumer'가 아닌 '공동 창작자Co-Creator'로 보는 패러다임 전환이 필요합니다. 브랜드는 더 이상 일방적으로 메시지를 전달하는 존재가 아니라 고객과 함께 이야기를 만들어 가는 플랫폼이 되어야 합니다. 중국의 급부상은 단순한 경제 현상이 아니라 창의의 방향이 어디로 향하고 있는지를 보여 주는 거울입니다. 그 방향의 중심에는 언제나 '사람'이 있습니다. 한국 기업이 앞으로도 세계 시장에서 경쟁력을 유지하려면 가격과 효율의 프레임을 넘어, 사람의 감정과 가치, 삶의 방식을 이해해야 합니다.

기술은 누구나 따라올 수 있지만, 사람을 향한 통찰과 진정성은 결코 모방할 수 없습니다. 이제 한국 기업이 풀어야 할 숙제는 명확합니다. 기술의 나라를 넘어, 사람의 나라로 진입해야 합니다. 그 순간에야 비로소 한국의 창의는 다시 한번 세계의 중심으로 돌아올 것입니다.

기업의 미션이
창의의 향방을 가른다

창의는 성장의 출발점이며, 창의 없는 성장은 결코 존재할 수 없습니다. 그렇다면 개인이나 기업에게 '창의'와 '미션Mission'은 어떤 의미로 정의될 수 있을까요? 언뜻 보면 전혀 다른 개념처럼 느껴지지만, 두 요소는 사실상 서로를 완성시키는 짝이라 할 수 있습니다. 창의가 '새롭게 만들어 내는 힘'이라면, 미션은 '그 힘이 어디를 향해야 하는지 알려주는 나침반'입니다. 우리는 사회적 존재이며, 창의적으로 살아가도록 운명지어진 존재입니다. 창의적으로 산다는 것은 단지 새로운 것을 만드는 행위가 아니라 다른 사람들에게 경제적 이익과 정신적 만족을 제공하기 위해 자신이 해야 할 행동을 실천하는 삶입니다.

인간은 타인에게 해를 끼치기 위해 존재하지 않습니다. 오히려 누군가에게 도움이 되고, 세상을 조금이라도 낫게 만드는 본능이 우리 안에 자리하고 있습니다. 그런 의미에서 창의는 인간의 선한 본성 위에서 피어나는 꽃이며, 창의에 대한 글을 쓸수록 성선설이 더욱 설득력 있게 느껴지는 이유도 여기에 있습니다. 우리는 관계 속에서 살아갑니다. 그리고 이 관계가 건강하게 유지되고 성장하기 위해서는 사회가 기대하는 '선한 행동', 즉 창의적인 역할 수행이 필수적입니다.

개인에게 요구되는 선한 행동이 사회의 기본을 이루듯, 조직 역시 동일한 원리를 따라야 합니다. 어느 조직도 해악을 목적으로 설립되지 않습니다. 우리 모두가 사회 구성원들에게 필요한 것을 제공하고, 이를 통해 지속 가능한 성장과 신뢰를 얻고자 합니다. 이때 말하는 '필요한 것'이란 결국 경제적 혜택과 정신적 만족의 균형이라 할 수 있습니다.

개인의 창의와 기업 미션의 관계

이런 맥락에서 보면 개인의 창의성과 기업의 존재 목적을 드러내는 미션은 본질적으로 철학적 뿌리가 유사해 보입니다. 개인이 창의적 사고를 통해 사회에 이익을 주듯, 기업 역시 창의적 활동을 통해 고객에게 혜택을 제공하고, 그 반대급부로 이익을 얻습니다. 즉 미션은 창의가 구체화되는 방향이며, 창의는 미션을 실현하는 수단입니다.

창의성은 인류 모두에게 요구되는 보편적인 덕목이라면 미션은 특정 조직이 어떤 고객을 위해, 어떤 방식으로 세상을 바꾸겠다는 약속에 집중한다는 점입니다. 결국 두 개념은 다르지만, 서로를 통해 완성되는 상호보완적 관계에 있습니다. 그렇다면 조직이 성장하고 구성원에게 구심점을 제공하는 미션은 어떤 모습이어야 할까요? 많은 사람이 미션을 연초에 CEO가 낭독하는 신년 메시지나 회의실 벽에 걸린 문구 정도로 여깁니다. 그러나 그것은 단지 액자 속의 문장일 뿐 구성원의 사고와 행동에 녹아 있지 않다면 아무 의미가 없습니다.

경영학자 피터 드러커 **Peter F. Drucker** 는 이렇게 말했습니다.

"미션은 짧고 명확해야 하며 티셔츠에 새겨 입을 수 있을 정도로 쉬워야 한다."

그의 말처럼 미션은 선언문이 아니라 행동의 언어입니다. 직원의 사고를 움직이고, 고객의 삶을 변화시키는 실제적 에너지여야 합니다.

살아 있는 미션만이 창의를 이끈다

결국 미션을 더 나은 방식으로 실현해 나가는 것이 바로 창의입니다. 언뜻 별개의 이야기 같지만, 사실 미션과 창의는 서로를 비추는 거울입니다. 예를 들어, 우리가 해외여행 중 아무런 비용 없이 구글맵을 이용할 수 있는 이유를 생각해 봅시다. 이는 단순한 기술 서비스가 아니라 '세상의 정보를 조직하여 모두가 접근할 수 있게 한다'는 구글의 미션이 구체적인 창의적 서비스로 구현된 결과입니다.

이 서비스는 사용자가 원하는 목적지를 쉽고 빠르게 찾게 도와주며, 시간과 비용을 절약하고, 길을 잃을지 모른다는 불안을 해소해 줍니다. 이 모든 과정은 구글이 설정한 미션이 직원들의 창의성을 자극하고, 그 창의성이 다시 사용자에게 실질적 혜택을 제공하는 선순환의 구조 속에서 이루어진 것입니다. 결과적으로 구글은 창의적 미션 실현을 통해 세계 인터넷·모바일 생태계의 중심 기업으로 성장했습니다.

이처럼 중요한 미션이 여전히 많은 기업에서 경영기획부서의 숙제 혹은 형식적 의무로 남아 있는 현실은 안타깝습니다. 미션은 실천의 지침이 되어야 하지만, 현실에서는 종종 '액자에 걸린 선언문'으로 머물고 있습니다. 창의의 뿌리를 형식으로 가두어 둔 셈입니다. 핀테크 산업의 부상 역시 이와 무관하지 않습니다. 과거 금융권이 고객의 불편을 단순히 당연한 일로 여겼을 때, 그 틈새를 파고든 것이 바로 창의적 스타트업들이었습니다. 작은 문제의식과 사용자 경험에 대한 세밀한 관찰이 거대한 금융 산업의 판을 바꾸었습니다.

즉 미션이 현장의 창의로 연결되지 못할 때 새로운 혁신은 외부에서 등장하게 됩니다. 반대로 미션이 구성원의 행동 원리로 자리 잡을 때, 기업은 스스로 변화의 방향을 만들어 갑니다.

미션 없는 창의, 창의 없는 미션

미션과 창의는 하나의 순환 구조를 이룹니다. 미션은 방향을 제시하고, 창의는 그 길을 구체화합니다. 그리고 창의적 결과가 다시 미션을 강화하며, 조직의 존재 이유를 현실 속에서 증명합니다. 미션 없는 창의는 방향을 잃은 불꽃과 같고, 창의 없는 미션은 생명력을 잃은 구호에 불과합니다. 두 개념이 균형을 이룰 때 비로소 조직은 '이익 이상의 의미'를 창출하게 됩니다.

오늘날의 기업은 이제 단순히 제품을 만드는 곳이 아니라 세상을 조금 더 나은 방향으로 바꾸는 하나의 사상적 공동체가 되어야 합니다. 그 출발점에 미션이 있고, 그 추진력에 창의가 있습니다.

AI시대,
살아 있는 철학을 장착하라

진정한 문제는 기계가 생각하는가가 아니라
인간이 생각하는가다.

-B. F. 스키너

CEO나 경영진이 아무리 창의성을 강조하더라도, 미션이 단순한 슬로건처럼 느껴지거나 직원들이 공감하지 못한다면 현실적인 의미가 없습니다. 미션은 조직의 심장과 같습니다. 심장이 제 기능을 잃으면 어떤 근육도 움직일 수 없듯, 미션이 조직 내에서 공감되지 않는다면 창의도 작동하지 않습니다.

따라서 미션이 구호 수준에 머물러 있고 구성원들의 이해와 참여를 이끌어 내지 못한다면, 미션 자체를 다시 점검해야 합니다.

기업 미션을 점검하는 5단계 방법

지금부터 이상적인 미션을 정립하는 방법에 대해 자세히 살펴보겠습니다.

1단계: 혁신 기업의 미션 연구

창의력을 자극하는 미션을 만들기 위해서는 먼저 혁신 기업들의 미션을 연구할 필요가 있습니다. 구글의 미션은 다음과 같습니다. "전 세계의 정보를 체계화하여 모두가 접근하고 유용하게 사용할 수 있게 한다." 이 문장은 정보를 다루는 검색, 지도, 유튜브, 클라우드로 확장될 수 있는 열린 상상력을 품고 있습니다. 구글의 구성원들은 '정보를 체계화한다'는 단순하지만 강력한 문장을 바탕으로 "그렇다면 다음에는 어떤 정보를, 어떤 방식으로 연결할 것인가?"를 끊임없이 질문하게 됩니다.

에어비앤비Airbnb의 미션은 이렇습니다. "어디에서든 진짜 집처럼 소속감을 느낄 수 있는 세상을 만든다." 이 미션은 숙박 공유를 넘어 '소속감'이라는 정서적 가치를 비즈니스의 중심에 두고 있습니다. 따라서 구성원들은 방을 빌려주는 서비스를 넘어, 사람과 사람을 연결하고 낯선 공간을 '집처럼' 느끼게 하는 방법을 창의적으로 고민하게 됩니다.

이처럼 미션 자체가 구성원의 창의성을 자극하는 기업은 별도의 창의성 캠페인을 펼칠 필요가 없습니다. 미션을 실현하는 과정 자체가 창의의 여정이 되기 때문입니다. 반대로 현실과 동떨어진 이상주의적 문구나 실천 의지가 느껴지지 않는 미션은 재검토가 필요합니다. 미션이 기업의 현실과 맞닿지 않으면, 그것은 철학이 아니라 광고 문구에 불과합니다.

2단계: 비즈니스에 대한 심층 분석

좋은 미션은 현재 비즈니스를 포괄하면서도 미래의 확장성을 제시해야 합니다. 구글의 미션이 회사의 모든 사업 영역을 자연스럽게 아우르는 이유가 여기에 있습니다. 반면 코닥Kodak은 미션 설계의 실패로 혁신의 타이밍을 놓친 대표적인 사례입니다. "당신이 버튼을 누르면 나머지는 우리가 합니다(You press the button, we do the rest)." 이 문장은 1880년대 코닥의 슬로건이었습니다. 이는 당시 필름카메라 산업에는 완벽히 어울렸습니다. 하지만 이 미션은 디지털 전환 시대의 가능성을 품지 못했습니다. 디지털 기술을 누구보다 먼저 보유하고도 상용화에 소극적이었던 코닥은 결국 2012년 파산 보호 신청에 이르렀습니다. 코닥은 이후 미션을 수정했지만 명확한 가치 제시 없이 이상적인 구호에 머문 결과, 조직의 창의성도 방향을 잃고 말았습니다. 미션이 기업의 운명을 결정짓는 가장 현실적인 문장임을 코닥은 역설적으로 증명했습니다.

3단계: 고객 정의하기

창의적인 미션의 출발점은 고객을 정확히 정의하는 것입니다. 고객이 불분명하면 미션은 현실과 동떨어진 이상주의로 흐르기 쉽습니다. 상품을 구매하는 1차 고객뿐 아니라 간접적으로 영향을 받는 2차 고객까지 포함해야 합니다. 예를 들어 학원의 경우, 학생이 1차 고객, 부모는 2차 고객이 됩니다. 여기에 '직원'을 고객으로 포함시키는 시각도 중요합니다. 직원은 조직의 가치를 구현하는 내부 고객이기 때문입니다. 직원이 만족하지 않는 조직에서 진정한 고객 감동은 탄생할 수 없습니다.

4단계: 고객에게 제공할 가치 구체화

고객을 정의했다면 그들에게 제공할 가치, 즉 경제적 이득, 정서적 만족, 사회적 의미를 명확히 설정해야 합니다. 이 단계는 창의성의 실질적 기반이 됩니다. 고객이 진정으로 원하는 가치가 무엇인지 탐색하고, 그 가치가 시장에서 어떤 문제를 해결하는지를 구체적으로 분석해야 합니다. 창의적인 미션은 고객의 욕망과 사회의 문제의 교차점에서 탄생합니다.

5단계: 직원에게 울림을 주는 미션 정립

직원에게 울림이 없는 미션은 다이어리 첫 장에 인쇄된 문구로 끝날 가능성이 높습니다. 미션이 조직의 행동 기준으로 작동하려면 현장 직원의 참여와 해석이 반드시 포함되어야 합니다.

따라서 미션 수립 과정은 '경영진의 결심'이 아니라 '구성원의 합의'로 완성되어야 합니다. 시간이 걸리더라도 현장의 의견을 반영해 고객 분석, 경쟁사 연구, 서비스 검토를 함께 진행해야 합니다. 그 과정 자체가 조직을 창의적으로 만드는 훈련이 됩니다.

완성된 미션은 조직 문화 속에 내재화되어야 합니다. 미션 워크숍, 역할극, 미션 부합도 평가, 시각화 자료, 회의 전 낭독 등 일상 속에서 미션을 '살아 있는 언어'로 유지해야 합니다. 또한 시대 변화와 시장 환경을 반영해 정기적인 미션 점검과 리뉴얼 체계를 갖추는 것이 중요합니다. 미션이 성과 평가와 보상 구조에 연결될 때 조직의 모든 판단은 자연스럽게 미션 중심으로 움직입니다.

지금까지 살펴본 창의적인 미션 수립 과정을 이해하기 위해 '렛츠고 코인LET'S GO Coin'이라는 가상의 스타트업을 예로 들어 보겠습니다.

■ 회사 개요

설립: 2025년 11월 / 분당 판교 ○○빌딩/ 직원수 15명

사업: 원화 기반 스테이블코인 발행, 결제·송금 서비스

모델: 결제·송금 수수료, 발행·관리 ASP 수수료

계획: 탈중앙화 금융(DeFi) 모델로 확장

■ 미션 개발 단계

1단계: 글로벌 코인 기업(테더, USDC, 메이커다오 등) 미션 연구

2단계: 자사 비즈니스 본질 및 확장성 분석

3단계: 고객(결제 사용자·가맹점·협력사 등) 정의

4단계: 고객에게 제공할 가치(안전성, 신뢰, 편의성 등) 구체화

5단계: 창의성을 자극하는 미션 정립

이 과정을 통해 렛츠 고 코인은 다음과 같은 미션을 완성할 수 있을 것입니다.

"모든 사람이 안전하고 자유롭게 가치를 주고받을 수 있는 세상을 만든다."

짧지만 명확하고, 조직 구성원의 상상력을 자극하며, 미래 확장성까지 담은 문장입니다.

개인의 삶에도 '미션'이 필요하다

미션은 기업에만 필요한 개념이 아닙니다. 개인에게도 삶의 방향을 제시하는 나침반이 됩니다. 개인 미션은 "나는 왜 존재하는가?" "세상이 나에게 기대하는 것은 무엇인가?"라는 질문에서 출발합니다. 그 답을 찾는 과정은 곧 자신이 추구하는 가치와 세상에 기여하고 싶은 방향을 정립하는 과정입니다.

미션을 거창하게 생각할 필요는 없습니다. 핵심은 자신의 가치와 세상의 필요가 만나는 지점을 찾는 것입니다. 예를 들어, "나는 사람들의 배움의 즐거움을 확산시켜 세상을 조금 더 유연하게 만들겠다" "나는 기술을 통해 불편을 줄이고, 누구나 공평하게 기회를 얻

는 사회를 만들겠다"와 같은 문장들이 바로 개인의 미션 선언문이 될 수 있습니다. 형식보다 중요한 것은, 그 문장을 실행할 의지와 꾸준한 성찰입니다.

미션은 오직 인간만이 만들 수 있다

AI는 데이터를 기반으로 세상을 예측하지만, 미션은 방향을 기반으로 세상을 설계합니다. AI는 과거의 패턴을 찾아내지만, 인간의 미션은 미래의 의미를 만들어 냅니다. 이 차이가 바로 기술이 아닌 인간이 주도해야 하는 이유입니다. AI가 아무리 정교해져도, 그것은 어디로 가야 하는지 스스로 결정하지 못합니다. AI는 목적을 계산하지 않고, 오직 주어진 목표를 '효율적으로' 수행할 뿐입니다. 따라서 미션은 인간만이 세상에 던질 수 있는 질문이자 명령어입니다. "무엇을 할 것인가?"가 아니라 "왜 해야 하는가?"를 묻는 순간, 인간은 데이터가 아닌 의미의 존재로 자리합니다.

AI가 데이터를 처리하듯, 인간은 미션을 통해 의미를 처리합니다. AI의 정확도accuracy가 중요하다면, 인간의 미션은 의미의 정합성coherence이 중요합니다. 정확함보다 올바름을 추구하는 것이 인간의 역할입니다.

4차 산업혁명 이후의 세계는 효율의 언어로 가득합니다. "더 빠르게, 더 싸게, 더 정확하게"라는 문장은 AI가 완벽히 수행할 수 있는 일입니다. 그렇다면 인간은 어떤 언어로 세상과 대화해야 할까요? 그 답은 바로 미션의 언어, 즉 '의미의 언어'입니다. 미션은 인간이 기술과 세상을 구분 짓는 존재의 방식입니다. AI는 문제를 해결하지만, 인간은 가치를 발견합니다. AI는 목표를 달성하지만, 인간은 의미를 설계합니다. 이 미묘한 차이가 문명을 앞으로 움직입니다.

창의가 가득한 미션이 존재하지 않는 조직에서 AI는 단순한 자동화 도구에 머물겠지만, 미션이 분명한 조직에서는 AI조차 창의적 혁신의 파트너로 변합니다. 결국 기술의 핵심은 기술 그 자체가 아니라, 그 기술이 인간의 미션을 어떻게 돕는가에 있습니다.

기술보다 더 오래가는 유일한 능력

우리는 빠르게 변화하는 시대에 살고 있습니다. AI가 글을 쓰고, 그림을 그리고, 음악을 작곡하는 시대에 창의성마저 기계가 흉내 낼 수 있다고 말합니다. 그러나 아무리 정교한 알고리즘도 '왜 이 노래를 만들었는가'에 대한 답은 할 수 없습니다. 그 질문에 답할 수 있는 존재는 오직 인간뿐입니다.

AI는 '방법'을 발전시키지만, 미션은 '방향'을 지시합니다. 방법은 시대에 따라 달라지지만, 방향은 세대를 넘어 지속됩니다. 그래서 미션은 어떤 기술보다 오래가는 자산입니다. 기업의 생명력은 기술이 아니라, 미션이 사람의 마음에 남는 시간의 길이로 결정됩니다.

AI 시대의 경영은 기술 중심의 경쟁에서 미션 중심의 협력으로 이동하고 있습니다. 앞으로 살아남는 기업은 가장 뛰어난 AI를 가진 곳이 아니라 AI를 통해 기업의 미션을 더 명확히 실현하는 곳일 것입니다. 예를 들어, 구글은 AI를 통해 '정보의 접근성'이라는 미션을 실현하고, 테슬라는 '지속 가능한 이동'이라는 미션을 가속화하며, 파타고니아는 기술보다 '지구 보전'이라는 미션을 브랜드의 본질로 삼습니다.

이처럼 미션이 명확한 기업은 AI를 수단이 아닌 '철학'의 확장으로 활용합니다. AI가 창의성을 위협하는 존재가 아니라 오히려 미션을 구체화하는 도구가 되는 것입니다.

결국 인간의 마지막 경쟁력은 '진심과 의미를 설계하는 능력'입니다. AI가 모든 것을 효율화하는 시대일수록 미션은 인간을 인간답게 만드는 가장 비효율적인 아름다움이 됩니다. AI가 모든 것을 계산하는 시대에 우리가 여전히 인간으로 남을 수 있는 이유는 '왜'라는 질문을 포기하지 않기 때문입니다. 미션은 바로 그 질문의 다른 이름입니다. 미션은 인간이 기술 시대에 스스로를 잃지 않기 위한 마지막 나침반입니다. 창의는 그 나침반이 가리키는 방향으로 나아가는 여정이며, 그 길의 끝에는 언제나 '사람'이 있습니다.

새로운 생각이 바꾼
금융의 미래

우리에게 필요한 것은 금융이지 은행이 아니다.

-빌 게이츠

1장에서 핀테크의 개막에 대해 설명했습니다. 핀테크는 금융 산업의 지형을 완전히 바꾸어 놓았습니다. 신생 기업의 등장으로 금융권에 '메기 효과catfish effect'가 일어나면서, 전통적인 은행과 보험사도 혁신 기술을 앞다투어 도입하기 시작했습니다. 이제 금융회사는 스스로를 핀테크 기업으로 인식하며 AI, 빅데이터, 블록체인 기술을 적극적으로 도입하고 있습니다.

이러한 흐름 속에서 금융과 기술의 경계는 사실상 사라지고 있습니다. 은행이지만 핀테크 기업처럼 보이고, 핀테크 기업이지만 은행의 역할을 수행하는 현상이 동시에 일어나고 있습니다. AI 기반 상담 서비스, 모바일 대출, 무지점 영업이 보편화되면서 '은행'이라는 개념조차 재정의되고 있습니다. 이제는 '은행을 이용한다'는 표현보다 '금융 서비스를 경험한다'는 말이 더 자연스럽습니다. 전통적인 금융 제도로는 설명할 수 없는 새로운 금융 생태계가 열린 것입니다.

핀테크의 시대를 연 창의와 기술

핀테크 산업은 여전히 성장의 초입에 있습니다. 창의적인 사고와 기술적 자신감으로 무장한 기업들이 새로운 결제 문화를 창조하고 있으며, 기존 금융권도 협업을 통해 '핀테크화'되고 있습니다. 예를 들어, 주요 은행들은 '임베디드 금융Embedded Finance' 전략을 통해 자사 서비스를 다양한 플랫폼에 내장시키고 있습니다. 이제 금융은 은행 앱 안에만 존재하지 않습니다. GS페이, 쿠팡페이, 카카오페이 등 일상 플랫폼에 자연스럽게 녹아들며, 소비자가 의식하지 않아도 금융이 작동하는 시대가 되었습니다.

또한 은행들은 핀테크 기업과 손잡고 대출, 신용평가, 자산관리 등 다양한 상품을 공동 개발하고 있습니다. 이는 단순한 기술 도입이 아니라 고객 경험 혁신을 위한 전략적 결합입니다. AI와 데이터 분석을 통해 고객 맞춤형 상품을 제시하고, 서비스 속도와 편리성을 높임으로써 시장 경쟁력을 강화하고 있습니다.

정부 역시 이러한 변화의 촉진자 역할을 하고 있습니다. 핀테크 기업에게 금융 인프라를 개방하고, 결제·송금망을 연결함으로써 혁신 서비스가 국민의 일상에 스며들 수 있는 토양을 마련했습니다. 우리가 지금 너무 익숙하게 사용하는 간편결제나 송금 서비스 대부분이 이러한 정책 개방의 결과입니다. 특히 정부 주도로 구축된 '대환대출 인프라'는 금융 협업의 새로운 모델을 보여 줍니다. 소비자가 더 유리한 금리의 상품을 한눈에 비교하고, 클릭 한 번으로 기존 대출을 갈아탈 수 있게 만든 이 시스템은 금융결제원, 금융권, 핀테크 기업이 함께 만들어 낸 창의적 협업의 결정체입니다. 이로써 국민은 실질적인 이익을 얻고, 금융 산업은 한층 더 효율적으로 진화했습니다.

한국형 핀테크 문명의 의미

핀테크 산업은 이제 단순한 '서비스 혁신'의 단계를 넘어, 금융의 철학과 역할 자체를 재정의하는 문명적 전환점에 와 있습니다. 그 중심에는 인간의 불편을 발견하고 해결하려는 창의, 그리고 그 창의를 실현하는 기술이 있습니다. 한국의 핀테크는 '기술의 승리'이자 동시에 '신뢰의 진화'입니다. 기술은 도구였지만, 그 도구를 통해 우리는 신뢰를 새롭게 발명했습니다. 따라서 핀테크의 출현은 우연이 아니라, 인간이 기술을 통해 신뢰를 재구성해 온 역사적 필연이라고 할 수 있습니다.

앞으로의 핀테크는 더 이상 '금융을 편리하게 만드는 기술'에 머물지 않을 것입니다. AI, 블록체인, 데이터 분석이 결합된 새로운 핀테크는 금융의 인간화를 완성하는 기술, 즉 '사람의 삶에 맞춰 진화하는 금융'으로 발전할 것입니다. 핀테크의 본질은 결국 기술이 아니라 사람입니다. 사람의 불편을 줄이고, 사람의 신뢰를 지키며, 사람의 가능성을 확장하는 것. 그것이 핀테크가 존재해야 하는 이유이며, 그 이유가 바로 핀테크가 '운명'인 이유입니다.

편리함을 향한 집요한 욕망이 이끈 혁신

핀테크의 전성기를 한층 앞당길 수 있는 또 하나의 핵심 요인으로 스테이블코인Stablecoin을 들 수 있습니다. 결제란 재화나 서비스를 구매하고 그 대가를 지불하는 과정에서 발생하는 행위로, 상거래의 발전과 함께 결제 서비스 또한 끊임없이 진화해 왔습니다. 전자결제가 본격화되기 전까지 대부분의 결제는 현금 중심이었습니다. 사람들은 지갑에 현금을 넣고 다니며 불편을 감수해야 했고, 거래의 시간과 공간에는 한계가 있었습니다. 2000년대 초반 온라인 쇼핑이 확산되면서 신용카드 기반 전자결제가 등장했고, 그 이후 지금 우리가 사용하는 간편결제 서비스는 복잡한 전자결제 구조 위에서 발전했습니다.

결제의 진화는 기술의 혁신이 아니라 '편리함에 대한 인간의 집요한 욕망'이 이끈 결과였습니다. 전자결제의 도입은 결제 생태계 전반에 근본적인 변화를 일으켰고, 결제를 중개하는 기업들이 빠르게 확산을 주도하며 핀테크 산업의 토대를 마련했습니다. 그리고 이제 결제 시스템의 패러다임은 다시 한번 바뀌려 하고 있습니다. 그 변화의 중심에는 바로 스테이블코인이 있습니다.

국경 없는 결제, 신뢰의 재구성

오늘날 결제 서비스의 가장 큰 특징 중 하나는 '국경이 없다'는 것입니다. 스마트폰 하나로 전 세계 어디서든 결제가 가능한 시대로, 결제의 편리함은 더 이상 국가의 경계에 머물지 않습니다. 스테이블코인은 이러한 환경 속에서 가장 자연스럽게 수용될 수 있는 결제 수단입니다. 블록체인 인프라 위에서 발행되지만, 실제 통화 가치에 연동되어 있기 때문에 소비자 입장에서는 환전의 번거로움 없이 결제할 수 있습니다. 환율 변동과 수수료 부담에서 벗어나고, 현금을 소지해야 하는 위험도 줄어듭니다. 결제의 불안과 불편을 동시에 해소하는 기술이 스테이블코인의 본질적 매력입니다.

하지만 한편으로는 국가 간 청산 체계라는 새로운 과제가 남아 있습니다. 결제가 국경을 넘는 만큼, 화폐 주권과 금융 주권의 문제도 함께 따라옵니다. 이는 단순한 기술의 문제가 아니라, 국가 경제의 근간과 직결된 구조적 논의입니다. 스테이블코인은 국내 핀테크 기업들에게 분명 새로운 성장의 기회입니다. 지금까지 국내 중심으로 운영되던 핀테크 서비스가 글로벌 무대로 진출할 수 있는 발판이 마련된 것입니다.

그러나 동시에 달러 기반 스테이블코인의 확산은 국내 지급결제 생태계에 충격을 줄 수 있는 요인이기도 합니다. 결제 서비스의 국경 없는 특성을 고려할 때, 미국 기반 코인이 한국 시장에 대거 진입할 가능성이 높습니다. 달러의 기축통화로서의 영향력, 글로벌 소비자가 누리는 혜택, 그리고 혁신 기술이 결합된 고도화된 서비스 구조를 생각하면 달러 기반 스테이블코인이 아시아 결제 시장의 '표준 수단'으로 자리 잡을 가능성도 충분합니다. 이 경우, 우리가 오랜 시간 투자해 구축해 온 국내 지급결제 시스템이 외국 시스템으로 대체될 위험에 직면할 수 있습니다. 결제의 편리함이 금융 주권의 약화로 이어질 수 있다는 점이 스테이블코인이 안고 있는 양면성입니다.

글로벌 핀테크 진출 시나리오

글로벌 핀테크 기업이 국내 시장에 진입하는 방식은 다양하지만, 가장 현실적인 시나리오는 고객 접점과 인프라를 보유한 대형 핀테크 기업과의 협업입니다. 기존 금융기관도 협력의 대상이 될 수 있으나, 고객 데이터·기술 인프라 측면에서는 민첩한 핀테크 기업이 상대적으로 유리한 위치를 점하고 있습니다. 만약 달러 기반 스테이블코인이 일상화된다면 국내 결제에서도 원화가 아닌 달러 코인이 통용되는 현상이 벌어질 수 있습니다. 이는 단순히 결제수단의 변화가 아니라 경제 시스템의 기본 단위가 바뀌는 구조적 혁명에 가깝습니다.

더 큰 문제는 수수료 구조입니다. 스테이블코인 결제 사업자가 높은 수수료를 부과할 경우 결국 그 부담은 소비자에게 전가됩니다. 편리함 뒤에 숨은 보이지 않는 '비용의 전쟁'이 시작될 수 있는 것입니다. 또한 해외 결제 서비스에 대한 과도한 의존은 결제 주권의 상실로 이어질 위험이 있습니다. 만약 해외 사업자가 정책적·정치적 이유로 서비스를 중단한다면 우리의 상거래 시스템은 한순간에 혼란에 빠질 수 있습니다. 결제는 경제의 혈관이기 때문에 그 흐름이 끊기면 경제의 생명력 자체가 위협받을 수 있습니다.

K-스테이블코인이 가져올 미래

우리나라는 세계 최고 수준의 IT 인프라를 갖춘 디지털 강국입니다. 여기에 핀테크 기업들의 기술력, 정부의 정책적 지원 그리고 국민의 높은 디지털 금융 수용도가 결합된다면 'K-스테이블코인'의 시대를 열 가능성은 충분하다고 보입니다. 원화 기반 스테이블코인은 단순히 외국 기술에 대응하는 수준이 아니라, 지급결제의 주권을 지키면서 글로벌 결제 시장에 진출할 수 있는 전략적 도구가 될 수 있습니다.

국내 핀테크 기업이 주도적으로 참여해 해외 결제 네트워크를 확장한다면 수수료 절감, 서비스 편의성 향상, 원화의 국제적 위상 강화라는 세 가지 효과를 동시에 기대할 수 있습니다. 스테이블코인이 안정적으로 시장에 정착하기 위해서는 서비스의 편의성, 결제 통화의 신뢰성, 보안성, 코인 간 호환성 등 다양한 요소가 균형을 이루어야 합니다. 이를 위해서는 금융회사·핀테크 기업·정부가 함께 참여하는 '협력형 결제 생태계Cooperative Payment Ecosystem' 구축이 필수적입니다.

스테이블코인은 우리에게 기회이자 위기입니다. 그러나 본질적으로 그것은 새로운 지급결제 문명의 시작을 알리는 신호이기도 합니다. 위기를 기회로 바꾸는 핵심은 창의성과 기술력 그리고 협력의 힘입니다. 핀테크 기업이 주도하고, 금융회사가 지원하며, 정부가 제도적 틀을 마련할 때 비로소 'K-지급결제 혁명'이 현실이 됩니다. 결제는 더 이상 한 사업자의 영역이 아닙니다. 그것은 사람과 사람, 기술과 기술이 연결된 거대한 생태계의 결과입니다. 스테이블코인은 단순한 결제 수단이 아니라 신뢰의 구조를 다시 설계하는 기술입니다.

이제 우리의 과제는 분명합니다. 국가의 결제 주권을 지키면서도 세계 시장에서 통용될 수 있는 창의적이고 안전한 K-스테이블코인을 만드는 것이야말로 대한민국 핀테크 산업이 다음 단계로 도약하기 위한 혁명의 나침반이 될 것입니다.

세상의 부를
재편한다:
혁신의 힘

3장

관점에서 봐야 한다. 불의 발견이 또 다른 혁신의 체인으로 우리 삶을
풍요롭게 했듯, 하나의 혁신은 새로운 혁신을 촉발한다.

AI 시대에 혁신을 문화로 내재화하고, 창의와의 선순환을 통해
새로운 부의 질서를 선점할 수 있다.

혁신은 단순한 기술 진보가 아닌 인간에게 실질적 이로움을 주는가의
관점에서 봐야 한다. 불의 발견이 또 다른 혁신의 체인으로 우리 삶을
풍요롭게 했듯, 하나의 혁신은 새로운 혁신을 촉발한다.

AI 시대에 혁신을 문화로 내재화하고, 창의와의 선순환을 통해
새로운 부의 질서를 선점할 수 있다.

혁신의 중심에 '인간'이 있다

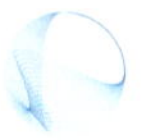

자연의 세계에는 비밀이 없다.
비밀은 인간의 생각과 의도에 있을 뿐이다.

-줄리어스 로버트 오펜하이머

3장에서는 창의에 이어 '혁신'에 대해 자세히 살펴보겠습니다. 혁신 연구의 대표적 학자인 조지프 슘페터 Joseph Schumpeter 는 "혁신은 새로운 조합을 통해 경제적 변화를 일으키는 원동력"이라고 정의했고, 피터 드러커는 "혁신은 기업가정신의 핵심이며, 조직이 자원을 생산적으로 전환하는 수단"이라고 말했습니다. 현대사회에서 전기차와 스마트폰은 대표적인 제품 혁신, 넷플릭스를 비롯한 OTT 스트리밍 서비스는 서비스 혁신, 에어비앤비와 우버는 비즈니스 모델 혁신의 상징으로 자리 잡았습니다.

그렇다면 우리는 왜 이들을 특별히 '혁신'이라고 부를까요? 단순한 개선과 혁신을 가르는 기준은 무엇일까요? 예를 들어 전기차를 떠올려 보겠습니다. 전기차는 단지 엔진의 종류를 바꾼 자동차가 아닙니다. 화석 연료를 사용하는 내연기관 자동차가 초래한 지구 온난화와 환경오염 문제를 완화하기 위한 해법 중 하나로 고안되었습니다. 극단적인 폭염과 폭우, 잦아지는 산불과 이상 기후로 인류의 생존 자체가 위협받고 있는 상황에서 전기차는 온실가스 배출을 줄여 지구 온난화의 속도를 늦추는 데 기여합니다. 아울러 기상 이변으로 인한 재산 피해와 인명 손실의 위험을 줄이고, 미래에 대한 불안감을 덜어 주는 역할까지 합니다.

이처럼 전기차는 사회 구성원에게 실질적인 혜택을 제공하고, 환경과 미래 세대에 대한 책임을 고민한 결과물이며, 내연기관 자동차 산업에 이미 축적된 기술과 결합하여 현실적인 대안으로 기능한다는 점에서 '혁신'이라는 이름을 얻을 수 있습니다. 여기서 중요한 사실 하나가 드러납니다. 혁신은 본질적으로 '사람을 위한 것'일 때 비로소 혁신이 된다는 점입니다. 창의가 새로운 생각의 씨앗이라면, 혁신은 그 씨앗을 기술과 제도, 제품과 서비스의 형태로 구체화해 인간에게 이로움을 전달하는 과정입니다. 따라서 혁신은 창의성과 떼려야 뗄 수 없는 관계에 있으며, 창의가 결여된 혁신은 쉽게 파괴되거나 괴물로 변질될 수 있습니다. 우리의 지난 역사를 들여다보면 이러한 사례를 어렵지 않게 발견할 수 있습니다.

불의 발견에서 엿본 혁신의 역사

혁신의 개념을 조금 더 깊이 이해하기 위해, 인류 역사에서 혁신이라 부를 만한 사례를 살펴보겠습니다. 그중 가장 상징적인 사건 중 하나가 바로 불의 발견과 활용입니다. 불은 개인이 발명한 기계가 아니라 자연 속에 존재하던 현상을 인간이 발견하고 길들이는 과정에서 탄생한 결과물입니다. 그럼에도 불구하고 불을 만들고, 유지하고, 안전하게 사용하는 법을 알아내기까지 오랜 시간에 걸친 시도와 실패가 필요했습니다. 원시적인 불씨가 오늘날 다양한 형태의 화력, 조명, 엔진, 발전소로 발전한 것은 '불을 더 안전하고 편리하게 쓰고 싶다'는 인간의 생각과 기술이 결합된 결과이며, 이는 넓은 의미에서 혁신의 역사라 할 수 있습니다.

불의 발견과 활용은 인류의 삶 전반을 근본적으로 바꾸었습니다. 생식 위주의 식생활에서 벗어나 음식을 굽고 삶아 먹을 수 있게 되었고, 차갑고 어두운 동굴 생활에 따뜻함과 빛을 더해 주었으며, 음식을 조리함으로써 더 많은 열량과 영양소를 흡수할 수 있게 되었습니다. 하버드대학교 생물인류학자 리처드 랭엄Richard Wrangham은 이 지점을 '요리 가설Cooking Hypothesis'로 설명합니다. 그의 설명에 따르면 불의 발견과 활용을 통해 조리된 음식을 먹게 되면서 소화 효율이 높아졌고, 이는 결국 인간의 뇌가 커질 수 있는 에너지적 기반이 되었다는 것입니다. 불은 단순한 도구가 아니라 인간의 신체·두뇌·사회 구조를 통째로 바꾼 혁신이었던 셈입니다.

뇌 용량의 증가는 고도의 지적 활동을 가능하게 했고, 언어와 문자 체계 또한 이러한 변화를 바탕으로 발전했습니다. 언어와 문자는 인류를 다른 동물과 구별 짓는 가장 뚜렷한 기준입니다. 인간은 언어와 문자를 통해 지식을 후대에 전승하고, 법과 제도를 만들고, 문학과 예술을 꽃피웠습니다. 그 결과 자연의 환경 변화와 더 강한 포식자의 위협 속에서도 멸종되지 않고 지속적인 발전의 길을 걸을 수 있었습니다. 오늘날 우리가 "인간이 지구의 지배자"라고 말할 수 있게 된 배경에는 불의 발견과 활용, 뇌의 크기와 인지 능력의 상승 그리고 언어와 문자의 발전이라는 일련의 혁신의 사슬이 자리하고 있습니다.

혁신의 본질: '인간을 위한 이로움'

혁신은 이렇게 하나의 혁신이 또 다른 혁신을 부르는 '승수 효과fiscal multiplier'를 갖습니다. 불이라는 혁신이 조리·난방·금속 제련을 낳고, 그 과정에서 인류의 두뇌와 사회가 발전하며, 언어·문자·도구·종교·과학 등 수많은 혁신이 연쇄적으로 출현한 것입니다. 이처럼 혁신은 독립된 하나의 사건이 아니라, 다른 혁신의 원재료가 되는 연속적인 과정입니다.

여기서 흥미로운 상상을 하나 해 볼 수 있습니다. 만약 지구 밖 어딘가에 인간보다 훨씬 뛰어난 커뮤니케이션 능력과 지식 전달 체계를 갖춘 존재가 있다면 어떻게 될까요? 우리가 지구에서 독보적인 존재가 되었듯, 그 존재는 우주라는 무대에서 우리보다 훨씬 높은 수준의 과학 기술과 지적 능력을 갖추고 있을지도 모릅니다. 그 경우 인간은 언젠가, 과거 지구를 지배하던 공룡처럼 역사 속 한 페이지로 사라질 수도 있을 것입니다.

이 가정을 통해 우리는 다시 확인할 수 있습니다. 인간의 위상은 우연이 아니라 혁신의 누적 결과라는 사실을 말입니다. 그렇다면 여기서 한 가지 중요한 메시지가 도출됩니다. 불, 언어, 문자와 같은 혁신 사례를 떠올리는 이유는 혁신이 꼭 거대한 기술이나 첨단 장비로만 나타나는 것은 아니라는 점을 강조하기 위함입니다. 혁신의 본질은 규모나 화려함이 아니라, "인간의 삶을 더 낫게 만들겠다는 마음에서 출발했는가?"에 있습니다. 이 기준을 잊지 않는다면 우리 모두는 각자의 자리에서 혁신의 주인공이 될 수 있습니다.

인터넷과 스마트폰은 이미 우리 삶속에 깊숙이 스며든 대표적인 혁신입니다. 그리고 머지않아 인공지능 역시 우리의 생각, 일, 관계 맺는 방식까지 바꾸는 또 하나의 혁신으로 자리 잡을 것입니다. 중요한 것은 혁신이 얼마나 '인간을 향해 있는가' 하는 점입니다.

진정한 혁신이 답해야 할 질문

지금까지 살펴본 혁신 사례는 대체로 긍정적인 모습에 초점을 맞추고 있습니다. 하지만 인간을 향한 마음, 즉 인간에 대한 애정과 책임이 결여된 혁신은 언제든 우리 사회를 파멸로 이끌 수 있습니다. 대표적인 사례가 원자력의 두 얼굴입니다. 원자력은 인류에게 풍부하고 효율적인 에너지를 제공하는 혁신적인 기술입니다. 동시에 동일한 원리가 엄청난 파괴력을 가진 핵무기로 사용될 수 있다는 사실은 혁신의 양면성을 극명하게 보여 줍니다.

이러한 이유로 우리 사회에서는 원자력 발전과 탈원전, 원자력과 RE100(Renewable Energy 100%, 즉 기업이 사용하는 전력을 100퍼센트 재생에너지를 활용한다는 캠페인)을 둘러싼 논쟁이 끊이지 않습니다. 에너지는 단순한 기술을 넘어 사회구성원의 삶과 안전, 그리고 미래 세대의 환경에 직결되는 문제이기 때문입니다.

여기서 떠오르는 인물이 영화 「오펜하이머」의 주인공, 천재 물리학자 줄리어스 로버트 오펜하이머Julius Robert Oppenheimer입니다. 그는 제2차 세계대전 당시 미국의 핵무기 개발 프로젝트인 '맨해튼 계획Manhattan Project'을 이끌며, 트리니티 실험을 통해 세계 최초의 원자폭탄을 폭발시키는 데 성공했습니다. 이 사건은 전쟁의 흐름을 바꾸었고, 세계사의 방향을 뒤틀어 놓았습니다. 하지만 그 뒤를 따른 것은 오펜하이머 개인의 깊은 윤리적 갈등이었습니다. 그의 고뇌는 아마도 다음과 같은 자각에서 비롯되었을 것입니다. "인류를 구하고 보호해야 할 과학이 사람을 파괴하는 도구로 쓰였다." 원자폭탄이 과연 '창의적인 발명품'인지, 아니면 '파괴적인 괴물'인지에 대한 논쟁은 여전히 진행 중입니다. 전쟁을 종식시키는 데 기여했다는 주장과 인류에게 지울 수 없는 상흔을 남겼다는 비판이 팽팽히 맞섭니다.

그러나 오펜하이머 본인이 겪은 윤리적 고통을 통해 이 문제를 바라본다면 원자폭탄은 '인간을 위한 혁신'이라기보다 '파괴를 위한 기술'에 훨씬 가깝다고 볼 수 있습니다. 1945년 8월 6일, 미국은 일본 히로시마 상공 600미터에서 '리틀 보이Little Boy'라는 원자폭탄을 투하했습니다. 그렇게 투하 직후 약 8만 명이 목숨을 잃었고, 같은 해 말까지 사망자는 약 14만 명에 이르렀으며, 약 7만 명이 부상을 입었습니다. 하나의 폭탄이 도시 하나를 광범위하게 파괴하고, 후유증은 세대를 건너 이어졌습니다.

그림 4 | **'리틀보이'가 히로시마에 투하된 장면**

(출처: 히로시마 평화기념자료관)

아이러니하게도 원자폭탄의 원리는 우리가 사용하는 원자력 발전과 동일한 핵분열에 기반합니다. 즉 동일한 과학적 원리가 어디에, 어떤 목적으로 쓰이는가에 따라 인류를 살리는 도구가 될 수도, 인류를 위협하는 무기가 될 수도 있는 것입니다. 결국 차이는 기술의 정교함이 아니라 "그 혁신이 누구를 향해 있는가?" "그 결과가 사람을 살리는가, 사람을 해치는가?"라는 질문에 어떻게 답하는가에 달려 있습니다.

이는 오늘날 인공지능, 유전자 편집, 자율 무기 시스템 등 새로운 기술들이 등장할 때마다 같은 질문이 반복됩니다. "이 기술은 사람을 위해 쓰일 것인가, 아니면 사람을 통제하고, 감시하고, 배제하는 수단이 될 것인가." 혁신은 그 자체로 선도, 악도 아닙니다. 혁신을 선하게 만드는 것은 '사람을 위한 방향성', 혁신을 괴물로 만드는 것은 '사람을 잊은 효율과 욕망'입니다. 따라서 우리는 혁신을 이야기할 때, 언제나 기술 이전에 사람을 먼저 떠올려야 합니다. 그 혁신이 누구에게 어떤 이로움을 줄 것인지, 누구에게 어떤 피해를 줄 수 있는지에 대한 진지한 성찰이 없다면 아무리 화려한 혁신도 결국 파괴로 귀결될 수 있습니다.

그리고 이 지점에서 우리는 다시 처음으로 돌아오게 됩니다.

"사람을 위한 혁신이 아니라면 그것은 진정한 혁신이 아니다."

혁신의 출발은 언제나 사람이어야 합니다. 그래서 사상에 사람이 없는 기술 개발은 위험하고 심지어 사람의 생명을 위협하며, 이러한 기술의 진보는 전 인류의 재앙이 될 수 있습니다. 다행스러운 것은 그 기술이 창의적인 생각을 품을 수 있다면 인류가 공생하며 평화롭게 사용될 수 있는 방향으로 쓰여질 수 있는 점입니다. 이어지는 글에서는 이런 관점에서 우리 삶과 산업 곳곳에서 진행 중인 혁신을 조금 더 구체적인 사례를 통해 살펴보고자 합니다.

혁신을 이루는
보이지 않는 고리

우리는 사람들이 어떻게 행동하길 바라는지가 아니라
실제 행동하는 방식에 맞춰 디자인해야 한다.

-돈 노먼Don Norman

우리가 하루를 시작하며 가장 먼저 손에 쥐는 것은 스마트폰입니다. 하지만 불과 20여 년 전만 해도, '시티폰'이라는 이름의 초기 휴대전화는 공중전화 부스 근처에서만 통화할 수 있는 제한적인 기계에 불과했습니다. 오늘날의 스마트폰은 통화 기능을 넘어 정보와 상거래, 커뮤니케이션의 중심으로 진화했습니다. 창의적인 사고가 단순한 기계를 인간의 확장된 감각으로 바꾸어 놓은 것입니다.

인터넷이 등장하기 전, 상거래는 소비자가 직접 오프라인 매장을 찾아가야만 이루어졌습니다. 걸어서 혹은 대중교통을 이용해 이동해야 했고 결제를 위해 현금을 지참해야 했습니다. 이런 과정은 단순한 번거로움을 넘어 시간·비용·위험이라는 복합적 불편을 수

반했습니다. 그러나 인터넷의 등장은 이 모든 불편을 혁신적으로 해결했습니다. 공간의 제약이 사라지고, 클릭 한 번으로 상품을 비교하고 결제할 수 있게 되었으며, 소비자는 더 많은 선택과 편리를 누리게 되었습니다. 전자상거래는 단순한 판매 방식의 변화가 아니라 '경험의 혁신'이었습니다.

인간을 위해 탄생한 혁신: 모바일, OTT

초기의 인터넷 쇼핑은 여전히 'PC 앞에서만 가능한 쇼핑'이라는 한계를 안고 있었습니다. 이 제약을 무너뜨린 것은 바로 모바일 상거래, 즉 스마트폰이었습니다. 언제, 어디서나 '손안의 기기'로 모든 것을 해결할 수 있게 된 세상. 그것은 단순한 기술 발전의 결과가 아니라 '더 편리하게, 더 가까이'라는 인간 중심의 창의적 발상에서 비롯된 것입니다. 이처럼 스마트폰은 단순히 매출을 올리기 위한 도구가 아니라 인간의 시간을 절약하고, 삶의 여유를 확장시키는 사회적 기술이 되었습니다.

창의가 또 한 번 세상을 바꾼 사례가 있습니다. 바로 'OTT_{Over-The-Top Media}', 온라인 동영상 스트리밍 서비스입니다. 과거 비디오 대여점을 찾아가던 시대에서 이제는 누구나 손안의 화면으로 언제든 콘텐츠를 즐길 수 있게 되었습니다. 이 변화는 단순히 편리함의 개선이 아니라 시간의 주권을 되찾은 혁신이었습니다. 대표적인 OTT

기업인 넷플릭스Netflix는 2025년 7월 기준 시가총액 약 4,990억 달러(한화 약 700조 원), 유료 구독자 3억 명을 돌파했습니다. 스트리밍, CDN, DRM 등 첨단 기술이 결합되어 가능해진 일이지만, 그 기술의 뿌리는 단 하나의 생각에서 출발했습니다. "사람들이 원하는 순간에, 원하는 콘텐츠를 즐길 수 있도록 하자."

기술의 혁신은 결국 창의적 사고가 인간의 불편함을 이해하고 해결할 때 비로소 실현됩니다.

혁신의 시작과 끝

우리는 종종 기술 자체를 혁신이라고 착각합니다. 그러나 진정한 혁신은 기술의 진보에서 비롯되는 것이 아니라 그 기술을 어떻게 사용하느냐에서 비롯됩니다. 같은 기술이라도 인간의 존엄을 훼손할 수도, 더 나은 세상을 만들 수도 있습니다. 그러므로 혁신의 출발점은 언제나 '사람을 이롭게 하려는 마음'입니다. 선한 의도에서 출발한 창의가 기술과 만나면, 그것은 세상을 바꾸는 힘이 됩니다. 창의와 기술의 조화는 단순한 효율을 넘어, 사회 전체의 행복과 인간의 존엄을 확장시키는 에너지로 작동합니다.

모든 혁신의 근원에는 인간을 향한 사랑이 있습니다. 인간을 향한 사랑이 창의의 원천이 되고, 그 창의가 기술과 결합해 혁신을 일으키며, 그 혁신은 다시 인간을 향한 신뢰와 행복으로 돌아옵니다.

이렇게 형성된 순환이 바로 '창의-혁신-성장의 선순환 사이클'입니다.

인간을 향한 마음(사랑) → 창의의 발화점

창의의 발화 → 기술의 구현

기술의 구현 → 혁신의 실현

혁신의 실현 → 인간을 향한 사랑의 강화

이 선순환이 끊어지지 않을 때, 사회는 건강하게 성장합니다. 그리고 그 중심에는 언제나 '인간을 향한 마음'이 있습니다. 혁신은 거대한 자본이나 복잡한 기술에서 시작되지 않습니다. 작은 불편을 발견하고, 그것을 더 나은 방식으로 바꾸려는 사람의 마음에서 시작됩니다. 기술은 마음을 돕는 도구일 뿐입니다. 진정한 혁신가는 세상을 바꾸는 기술자가 아니라 세상을 더 따뜻하게 이해하는 사람입니다.

기술은
어떻게 이뤄내야 하는가

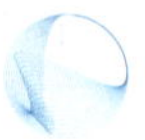

웹Web은 기술적 산물이라기보다 사회적 산물에 가깝다.

-팀 버너스 리

모바일과 동영상 기술이 결합된 OTT 서비스, 모바일과 상거래가 결합된 모바일 커머스는 우리에게 한 가지 사실을 보여 줍니다. 기술은 '무엇을 발명하는가'보다 '어떻게 활용하는가'가 중요하다는 것입니다. '기술'이라고 하면 많은 사람이 "그런 기술을 우리가 개발할 수 있을까?" "개발비는 감당할 수 있을까?" "실패하면 어쩌지?" 같은 걱정을 떠올립니다. 창의에 필요한 기술을 확보한다는 것은 분명 쉽지 않은 도전입니다. 그러나 기술을 반드시 직접 개발해야만 하는 것은 아닙니다.

앞서 살펴본 사례들처럼 이미 시장에 존재하는 기술을 조합하거나 생태계 안에서 조달해 활용할 수도 있습니다. 실제로 쇼핑 기업들은 모바일을 직접 개발하지 않았지만, 그 기기를 새로운 상거래 플랫폼으로 재해석함으로써 혁신을 일궈 냈습니다. 따라서 현실적인 전략은 '기술 그 자체'를 만드는 것이 아니라 기술을 이해하고 창의적으로 결합하는 능력을 기르는 것입니다. 이것이 바로 다음 혁신의 주인공이 될 수 있는 출발점입니다.

기술은 배울 수 있는 언어이자 사고의 틀입니다. 인간을 사랑하는 마음을 기술로 구체화하려면 먼저 세상에 존재하는 기술의 흐름을 스스로 찾아보는 연습이 필요합니다. 처음에는 낯설고, 때로는 실패할 수도 있습니다. 하지만 "예측은 틀리기 위해서 하는 것이다."라는 말처럼, 여러 번의 오답 속에서 우리는 자신만의 시각을 얻게 됩니다. 이 시각은 단순히 혁신적 아이디어를 떠올리는 능력이 아니라 세상을 해석하는 통찰력입니다. 이러한 통찰이 쌓이면 기술은 더 이상 두려움의 대상이 아니라 새로운 가능성을 여는 열쇠로 다가옵니다.

기술, 국가와 기업의 운명을 바꾸다

기술은 단지 기업의 성장 수단이 아니라, 국가의 운명을 바꾸는 힘이기도 합니다. 한국의 산업화 과정이 그 대표적 사례입니다. 1960년대 초, 우리나라의 1인당 GDP는 150달러 수준으로 극빈국이었습니다. 반면 필리핀은 254달러로 아시아의 선진국 대열에 있었습니다. 그러나 60여 년이 지난 오늘, 한국의 1인당 GDP는 약 4만 달러, 필리핀은 3,500달러에 머물러 있습니다. 이와 같은 극적인 역전의 배경에는 기술이 있었습니다.

한국 정부는 1962년 '경제개발 5개년 계획'을 통해 해외 기술의 도입과 학습을 추진했습니다. 섬유와 가발 수출에 머물던 산업 구조에서 벗어나 중화학공업·자동차·반도체로 이어지는 산업 기반을 마련했습니다. 즉 기술의 축적은 단순한 경제 성장의 수단이 아니라 국가적 비전과 결합된 창의의 결과였습니다. 선한 의지와 기술이 만나면 한 나라의 역사까지 바꿀 수 있습니다.

오늘날 기술은 단순한 생산의 수단을 넘어, 국가 간 힘의 균형을 좌우하는 무기가 되었습니다. 2024년 기준 우리나라의 반도체 수출액은 1,419억 달러로, 자동차 수출의 두 배를 넘습니다. 만약 기술 자립이 흔들린다면 산업 경쟁력 전체가 위태로워집니다. 실제 사례도 있습니다. 2019년, 일본이 반도체 핵심 소재 3종의 수출을 제한했을 때, 한국은 오히려 그 위기를 계기로 기술 자립과 국산화를 추진했습니다.

결국 위기는 '기술 주권'을 강화하는 전환점이 되었습니다. AI 시대에 들어서면서 기술 패권 경쟁은 더욱 치열해지고 있습니다. 해외 기술에 의존하는 방식으로는 더 이상 생존이 어렵습니다. 따라서 국가 차원의 전략적 투자, 장기적 기술 육성 체계 그리고 사회적 합의가 무엇보다 중요합니다.

3장
세상의 부를 재편한다: 혁신의 힘

국가뿐 아니라 기업에게도 기술은 생존의 문제입니다. S&P500 기업의 평균 수명은 1960년대 기준으로 60년에서, 현재 18년으로 줄었습니다. 그만큼 기술 혁신의 속도가 빨라졌기 때문입니다. 이커머스·AI·클라우드·반도체 같은 산업은 창의와 기술이 맞물리며 성장했지만, 혁신이 더딘 전통 제조업은 경쟁력을 잃고 있습니다.

혁신이 부족하면 가격 경쟁에 의존하게 되고, 결국 시장에서 도태됩니다. 따라서 기업의 생존 전략은 단 하나입니다. '창의-기술-혁신'의 선순환을 조직 내부에 심는 것입니다. 기술은 R&D 부서의 전유물이 아니라 모든 구성원이 이해하고 실천해야 할 '문화'가 되어야 합니다.

세상에 쓸모없는 기술은 없다

우리는 매년 수없이 많은 기술을 개발하지만, 그중 상당수는 세상의 빛을 보지 못합니다. 그 이유는 기술이 '선한 의도'와 연결되지 못하기 때문입니다. 기술은 본래 중립적입니다. 나쁜 기술은 없습니다. 다만 나쁜 방향으로 사용된 기술, 혹은 방향을 잃은 기술이 있을 뿐입니다. 따라서 기업과 정부는 기술을 단순히 개발하는 데 그치지 말고 그것이 누구를 위해 존재하는지, 어떤 문제를 해결하는지를 함께 고민해야 합니다. 기술의 가치는 인간의 삶과 연결될 때 비로소 실현됩니다.

기술을 현실과 연결하는 두 축이 있습니다. 바로 기술거래 체계와 산학협력입니다. 한국은 이미 기술 중개 기관과 제도적 기반을 갖추고 있습니다. 2023년 기준, 기술 수출 5만 9,000여 건, 기술 수입 4만여 건으로 기술 무역이 꾸준히 증가하고 있습니다. 이는 우리나라가 기술을 생산하고, 동시에 필요한 기술을 외부에서 확보하는 '개방형 혁신 생태계'로 진화하고 있음을 보여 줍니다.

또한 산학 협력은 기술 개발의 새로운 해법입니다. 학교는 인재와 아이디어를, 기업은 자본과 실행력을 제공합니다. 이 두 가지가 만나면 연구는 지속성을 얻고, 기업은 기술 확보의 진입 장벽을 낮출 수 있습니다. 대표적인 사례가 독일의 BMW입니다. BMW는 대학과 기업의 협력을 통해 RE100 기반 전기차 생산 기술을 개발했고, 그 결과 지역 경제와 일자리가 함께 성장했습니다. 기술거래가 '토양'이라면, 산학협력은 '햇빛'입니다. 이 둘이 함께할 때 혁신의 씨앗은 튼튼히 자라, 사회 전체를 풍요롭게 만듭니다.

기술은
상상력과 선한 의지의 도구

기술은 차가운 계산의 결과물이 아닙니다. 그것은 인간의 상상력과 선한 의지가 빚어낸 창조물입니다. 스마트폰이든, 반도체든 모든 기술의 근원에는 '사람을 더 편하게, 세상을 더 낫게 만들고 싶다'는 마음이 있습니다. 그 마음이 바로 혁신의 씨앗입니다. 기술은 창의의 날개이고, 선한 의지는 그 날개를 움직이는 바람입니다. 이 두 가지가 만나면 세상은 반드시 더 나은 방향으로 움직일 것입니다.

무엇을 위한
창의, 기술, 혁신인가

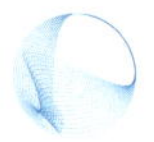

혁신을 단순히 기술 개발의 문제로만 바라보는 시각은 매우 위험합니다. 혁신의 범위를 좁게 이해할수록, 경제 주체들은 실제로는 필요하지도 않은 기술에 한정된 인력·자금·시간 같은 귀중한 자원을 쏟아붓게 되기 쉽습니다.

자원은 무한하지 않습니다. 어떤 기업이든, 어떤 나라든 적절한 시점에 꼭 필요한 기술에 선택과 집중을 해야만 혁신을 떠받칠 수 있는 기반을 만들 수 있습니다. 그러나 혁신에 대한 이해가 부족하다면, 조직은 잘못된 기술에 매달리며 혁신 실패의 악순환에 빠져들 수 있습니다. 그 결과, 단지 한두 개 프로젝트의 실패가 아니라 기업의 생존 자체가 위협받는 상황으로 이어질 수도 있습니다.

혁신은 기술만으로 완성되지 않습니다. 그보다 앞서 창의적 사고와 태도가 자리해야 합니다. 창의가 부족한 기업이 혁신을 현실화할 가능성은 현저히 낮습니다. 아무리 최신 기술을 도입하고 막대한 연구개발비를 투입하더라도, 그것을 어떤 방향으로 써야 하는지에 대한 창의적 비전이 없다면 혁신으로 이어질 수 없습니다.

창의와 혁신은 동전의 앞면과 뒷면처럼 불가분의 관계입니다. 어느 한쪽만으로는 온전한 그림을 이룰 수 없습니다. 아무리 거대한 R&D 예산을 쏟아부어도 창의성이 결여된 기술은 혁신에 도달하지 못하고, 그저 '비싼 기술'에 머무를 가능성이 큽니다. 반대로 창의적 아이디어가 넘쳐나도 그것을 구현할 기술이 없다면, 그 생각은 현실을 바꾸지 못한 채 머릿속에서만 맴돌 뿐입니다.

결국 창의는 방향을 제시하고, 기술은 그 방향을 현실로 옮기는 수단입니다. 둘이 함께 갈 때 비로소 혁신이 완성됩니다.

혁신을 캠페인이 아니라 문화로 만들어라

이런 맥락을 제대로 이해하지 못할 때, 기업은 종종 위험을 피하기 위해 혁신을 일회성 캠페인처럼 다루는 오류를 범합니다. '20×× 혁신의 해', '디지털 트랜스포메이션 프로젝트' 같은 구호를 내세우지만, 시간이 지나면 슬로건만 남고 실제 변화는 사라지는 경우가 많습니다.

그러나 이런 접근으로는 근본적인 변화가 일어나기 어렵습니다. 캠페인식 혁신은 대개 기업의 비전·미션과의 정합성을 충분히 검토하지 못하고, 조직의 깊은 창의적 기반을 다지기보다는 단기 성과나 보여주기식 성과에 치우치기 쉽습니다. 그 결과, 막대한 투자를 하고도 실질적인 성과가 남지 않는 실패를 반복하게 됩니다. 혁신이 '한 번 해보고 안 되면 끝내는 이벤트'처럼 취급될수록 구성원들은 점점 더 냉소적으로 변하고, 이후에 정말로 필요한 혁신 프로젝트가 등장했을 때도 동력을 모으기 어렵게 됩니다.

혁신은 단발성 유행이나 캠페인이 아닙니다. 혁신은 기업이 생존하고 성장하기 위한 필수 조건입니다. 혁신을 기술 개발에만 한정 짓지 않고, 창의와 문화의 관점에서 바라볼 때 비로소 기업은 지속 가능한 경쟁력을 확보할 수 있습니다. 무엇보다 혁신은 '없는 길을 만드는 일'입니다. 그러므로 그 과정에는 언제나 실패와 리스크가 따라옵니다. 이 리스크를 회피하려는 순간, 혁신은 출발선에 서보기도 전에 멈춰 버립니다.

혁신은 기술 프로젝트가 아니라 '조직 문화'의 문제입니다. 기술만 바꾼다고 혁신이 일어나지 않습니다. 혁신을 단발적인 TF나 이벤트로 착각하는 한, 기업의 미래는 항상 불안정할 수밖에 없습니다. 창의와 혁신을 하나의 생명체처럼 연결하고, 이를 조직의 DNA로 만들어야 비로소 진정한 혁신의 출발선에 설 수 있습니다. 창의와 혁신은 문화가 되어야 합니다.

물론 누구나 일회성 캠페인으로는 혁신이 안 된다는 사실을 머리로는 알고 있습니다. 하지만 문화를 만드는 일은 엄청난 시간과 노력, 그리고 인내를 요구합니다. 여기에 더해, 그 과정을 뒷받침할 수 있는 시스템과 제도에 대한 투자도 필요합니다. 특히 다음과 같은 요소들이 중요합니다.

- 최고 의사결정권자의 확고한 리더십과 오너십
- 창의와 혁신에 우호적인 인사관리 및 승진·보상 체계
- 새로운 시도에 실패를 허용하는 분위기
- 관료주의적 절차를 축소하고 실험을 장려하는 조직 구조

이러한 요소들이 함께 작동할 때 혁신은 슬로건이 아니라 현실의 문화가 됩니다.

당신 기업만의 고유한 창의를 정의하라

창의와 혁신은 기업의 생존을 결정할 뿐 아니라, 그 기업에서 일하는 사람들의 미래와 삶의 질까지도 좌우합니다. 그렇기에 지금 우리에게 필요한 것은 거창한 전략이나 복잡한 프레임워크보다 기본에 충실한 접근입니다. 여기서 기본이란 다름 아닌 '인간을 사랑하는 마음'입니다.

인간을 사랑하는 마음을 표현하는 방식은 기업과 단체마다 다

를 수 있습니다. 어떤 기업은 안전을, 어떤 기업은 시간 절약을, 또 다른 기업은 정서적 위로를 통해 그 마음을 드러냅니다. 산업별·업종별로 이를 설명하는 언어는 다르겠지만, '사람에게 이로움을 주고자 하는 마음'이라는 본질은 같습니다. 각 조직은 자신만의 방식으로 이 마음을 구체화합니다. 그리고 이러한 차이가 곧 기업의 차별화 포인트가 됩니다.

이 차별화 포인트를 토대로 '고유한 창의의 정의'를 내리고, 그 창의를 현실화할 기술을 개발 및 발굴한다면 기업은 고객에게 실질적인 도움을 주는 제품과 서비스를 세상에 내놓을 수 있습니다. 그 순간 그것은 단순한 상품이 아니라 기업의 핵심 경쟁력이 됩니다. 차별화 포인트를 찾아내고 이를 고객에게 전달할 가치로 전환하는 작업을 성공적으로 수행할 수 있다면, 이미 혁신의 절반은 성공한 것입니다. 이 가치가 단지 경제적 효용을 넘어, 정신적 만족감·심리적 안도·행복감까지 제공한다면 그것이야말로 진정한 창의적 가치라고 할 수 있습니다.

장영실의 창의와 혁신을 이끈 세종의 마음

이 지점에서 다시 한번 기술의 역할을 살펴볼 필요가 있습니다. "기술 없는 창의란 무엇인가?"

"기술은 창의 속에서 어떤 역할을 하는가?"

"기술이 더 중요한가, 창의가 더 중요한가?"

이 세 가지 질문은 우리가 반드시 깊이 고민해야 할 주제입니다. 기술은 창의를 구체화하는 도구이고, 창의는 기술이 나아갈 방향을 제시하는 나침반입니다. 기술만으로는 혁신에 도달할 수 없습니다. 그저 '기능이 뛰어난 제품'이나 '효율을 높이는 수단'에 그칠 수 있습니다. 반대로 창의만으로도 현실은 바뀌지 않습니다. 머릿속의 아이디어가 실제 세계에서 작동하려면, 그것을 구현해낼 기술이 반드시 필요합니다. 따라서 창의와 기술이 결합할 때 비로소 혁신은 현실이 됩니다.

이 관점을 가장 잘 보여 주는 역사적 사례가 바로 조선의 과학자 장영실입니다. 그는 자동으로 시간을 알려 주는 시계장치 '자격루自擊漏'를 개발했습니다. 물의 흐름과 기계 장치를 정교하게 조합해 지정된 시간마다 종과 북이 울리도록 한 자격루는 동양에서 구현된 최고 수준의 자동화 기계였습니다. 정해진 시각에 목각 인형이 나와 종을 치고 북을 두드리는 구조는 훗날 유럽에서 등장한 뻐꾸기 시계와도 닮아 있습니다. 자격루는 세종 16년(1434년)에 제작되었고, 유럽보다 200년 이상 앞선 자동 시보 시스템이었습니다. 서울 국립중앙과학관에 복원된 자격루를 마주하면 선조들의 탁월한 공학적 역량과 함께 깊은 애민정신을 함께 느끼게 됩니다.

그렇다면 어째서 자격루가 창의적인 발명품일까요? 『세종실록』에 따르면 세종은 "하늘의 이치를 살피고 그 시간의 흐름을 백성과 함께 나누고자 한다.”라고 말합니다. 이는 조선 유교 사상의 핵심이자, 세종대왕의 정치 이념인 '민본주의民本主義'를 구체화한 표현입니다. 시간을 왕과 관료의 전유물이 아니라 백성을 위한 공공재로 바꿔 놓은 것, 이것이 자격루가 가진 가장 창의적인 가치입니다.

자격루가 세상에 나올 수 있었던 배경에는 세종대왕의 리더십이 있었습니다. 세종은 민본주의를 실현하기 위한 수단으로 과학기술 정책을 추진했고, 신분이 낮았던 장영실에게도 최고의 대우를 제공했습니다. 오늘의 시각에서 본다면 세종의 정책은 '백성을 사랑하는 마음(민본)을 실현하기 위한 기술 확보 전략'이었습니다. 당시의 관료주의와 신분제라는 강력한 관성을 깨트리고 인재를 등용했으며, 기술을 통해 백성을 위한 세상을 만들었습니다. 이런 점에서 세종대왕은 한국 역사상 가장 위대한 혁신가라고 불러도 지나치지 않습니다. 창의와 기술이 결합된 혁신 덕분에 조선은 500년 역사 가운데서도 세종 재위 기간에 정치·경제·과학·문화가 모두 꽃피는 황금기를 누릴 수 있었습니다.

오늘날 기업이 배워야 할 교훈

조선의 사례에서 볼 수 있듯이 창의는 기술을 만나 구체화됩니다. 오늘날의 기업 역시 기술 논의에 앞서 조직 안에 창의가 자랄 수 있는 토양을 만드는 데 경영진이 관심을 기울여야 합니다. 이는 단발성 아이디어 공모전이나 해커톤 몇 번으로 해결되지 않습니다. 꾸준함과 전사적 노력이 뒷받침될 때만 성공 가능성이 높아집니다.

세종대왕에게 백성이 그러했듯, 오늘날 기업은 그 대상을 고객과 직원으로 바꾸어 생각해야 합니다. "기업이 위해야 하는 사람은 누구인가?"라는 질문에 진지하게 답하는 순간, 기업의 창의와 혁신은 방향을 얻게 됩니다. 고객의 고통과 불편을 이해하려는 노력, 직원이 자율성과 존중 속에서 일할 수 있는 환경이 선행되지 않는다면, 혁신은 구호에 그칠 가능성이 큽니다.

기업이 정의한 '민본주의', 즉 고객 중심 철학이 곧 그 기업만의 창의입니다. 이 철학이 분명하게 세워졌다면, 그다음 단계는 분명해집니다. 철학을 실현할 수 있는 기술을 탐색하고, 내부 개발·외부 도입·산학협력·기술거래 등 다양한 경로를 통해 기술을 확보하며, 이를 제품과 서비스 그리고 비즈니스 모델로 연결하는 것입니다. 이러한 과정이 일회성이 아닌 조직 문화와 시스템으로 자리 잡기까지는 많은 시간과 시행착오가 필요합니다. 그러나 창의와 혁신에서 비롯된 실패는 헛된 실패가 아닙니다. 반드시 교훈을 남기고, 그 교훈이 조직의 학습 자산이 될 수 있기 때문입니다.

지금처럼 창의와 혁신이 절실한 시대는 없습니다. 세종대왕의 성장 전략을 깊이 이해하고, 그것을 오늘의 기업 경영과 국가 전략에 접목한다면 우리 사회는 창의와 혁신이 자연스럽게 순환하는 구조를 만들 수 있을 것입니다. 그리고 그것은 한국이 선진국으로서의 입지를 공고히 하는 든든한 기반이 될 것입니다.

혁신의 실패를
통과하는 법

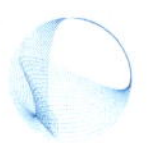

실패한 혁신의 대표적인 사례로 흔히 코닥과 노키아Nokia를 떠올립니다. 두 기업은 한때 세계 시장을 주도하던, 말 그대로 '혁신의 아이콘'이었습니다. 그러나 고객의 마음을 제대로 읽지 못하고, 변화의 흐름에 적절히 대응하지 못한 결과로 오늘날에는 혁신 실패의 대명사로 더 자주 언급됩니다. 흥미로운 점은 이 두 기업이 혁신에 필요한 기술 자체는 충분히 보유하고 있었다는 사실입니다. 기술이 없어서가 아니라 기술을 어디에 어떻게 써야 하는지에 대한 창의적 해석과 통찰이 부족했기 때문에 실패했다는 점이 중요합니다. 이 사실은 기술만으로는 혁신이 완성되지 않음을 분명하게 보여 줍니다.

냉정하게 말하면 코닥과 노키아의 몰락은 기술 부족의 문제가 아니라 창의의 부재에서 비롯된 결과였습니다. 이 사례가 주는 교훈은 명확합니다. 성장은 기술만으로 되지 않으며, 성장은 반드시 창의와 혁신의 선순환 위에서만 지속될 수 있다는 것입니다.

기술은 있었지만 마음을 읽지 못했다

코닥은 세계 최초의 디지털카메라를 만든 회사입니다. 그러나 당시 경영진은 이 기술이 자신들의 핵심 수익원인 필름 사업을 잠식할 것을 우려했고, 결국 상용화를 고의로 늦추는 선택을 했습니다. 그 사이 소니, 캐논, 니콘 등 경쟁사들이 디지털카메라 시장을 빠르게 차지했고, 코닥은 자신이 가장 처음 발견한 길 위에서 뒤처지는 아이러니를 경험하게 됩니다.

그럼에도 불구하고 코닥은 끝까지 필름 회사라는 정체성에 묶여 있었습니다. 하지만 소비자에게 중요한 것은 필름이 아니라 추억을 남기는 경험 그 자체였습니다. 디지털 시대에 이 경험은 온라인 저장, 공유, SNS 확산 등으로 옮겨 가고 있었지만 코닥은 이 변화를 읽지 못했습니다. 결국 코닥은 필름이라는 기술에는 집착했으나 '기억을 남기고 나누는 경험'이라는 본질을 이해하지 못한 채 변화하는 시장에서 밀려난 것입니다.

노키아 역시 비슷한 길을 걸었습니다. 한때 세계 휴대폰 시장 점유율 40퍼센트 이상을 차지하며 글로벌 브랜드 가치 5위 안에 들었던 노키아는 누구나 한 번쯤 써 보고 싶어 하던 워너비 아이템을 만들던 기업이었습니다. 견고한 하드웨어, 튼튼한 배터리, 직관적인 UI로 전 세계 소비자들의 마음을 사로잡았습니다.

그러나 스마트폰으로 대표되는 기술 패러다임의 전환 앞에서 노키아는 철저히 고객에 대한 이해와 변화 감지에 실패했습니다. 코닥과 마찬가지로 자신들의 성공 공식에 대한 신뢰가 너무 강했고, 새로운 운영체제와 생태계, 앱 중심의 사용 경험이라는 변화의 본질을 가볍게 여겼습니다. 결국 노키아는 2014년에 휴대폰 사업부를 매각하고 네트워크 장비 회사로 사업 구조를 전환해야 했습니다.

두 기업의 공통점은 분명합니다. 필요한 기술은 이미 가지고 있었고, 시장의 변화 신호도 존재했지만 고객의 마음을 읽는 창의적 통찰이 부족했다는 것입니다. 고객에 대한 이해가 빠진 기술은 활용도가 낮고, 그런 기술로 만든 제품은 시장에서 자연스럽게 외면받습니다. 너무 당연한 이야기이지만 실제 경영 현장에서는 이러한 단순한 진실이 자주 무시됩니다.

자기 잠식의 두려움이 만든 혁신의 공백

코닥과 노키아에는 또 하나의 공통점이 있습니다. 바로 과거의 성공에 안주한 조직 분위기, 그리고 '자기 잠식cannibalization'에 대한

극심한 두려움입니다. 두 기업 모두 과거의 성공 경험에 기반한 의사결정 패턴에서 벗어나지 못했습니다. 필름 카메라, 피처폰이라는 성공 모델이 너무 견고했기에 이를 스스로 허무는 선택을 끝내 하지 못했습니다. 그 결과 변화하는 고객 심리와 시장의 흐름을 제때 포착하지 못했고, 혁신의 골든타임을 놓치고 말았습니다.

이 문제는 자동차 산업에서도 반복되고 있습니다. 최근 전기 자동차를 떠올리면 자연스럽게 테슬라와 BYD를 떠올립니다. 흥미로운 점은 이 두 기업이 전통 자동차 제조사가 아니었다는 사실입니다. 반면 오랜 내연기관 기술을 보유한 전통 자동차 기업들은 전기차 기술과 생산 능력을 확보하고도 오랫동안 주저하는 태도를 보였습니다. 내연기관차의 시장 점유율이 떨어지는 것을 우려해 스스로 기존 사업을 잠식하는 결정을 미루거나 축소했던 것입니다.

전기 자동차의 역사를 돌아보면 이러한 현상이 더욱 선명해집니다. 1820~1900년대 초, 헝가리와 유럽 곳곳에서 전기 모터와 차량 시제품이 등장했고 1880년대 후반부터 1900년대 초에는 영국·프랑스·미국에서 전기 마차가 상용화되기도 했습니다. 1908년 포드는 '모델 T'를 내놓았고, 1914년에는 에디슨과 협력해 전기차 개발을 시도했지만 배터리 기술 한계로 상용화에 실패했습니다. GM 역시 1970년대에 '일렉트로벳Electrovette'이라는 연구 모델을 내놓으며 전기차 가능성을 탐색했습니다.

그럼에도 불구하고 세계 전기차 시장의 판도를 결정적으로 바꾼 주인공은 테슬라였습니다. 2003년에 설립된 테슬라는 2012년 '모델

S'를 출시하며 고성능 전기차 시장을 열었고, 이를 계기로 전기차 대중화가 본격화되었습니다. 전통 제조사들은 정교한 생산기술과 막강한 자본을 갖고 있었음에도 자기 잠식에 대한 두려움 때문에 한발 늦게 움직였습니다. 내연기관 차량의 점유율이 줄어드는 것을 감수할 용기를 내지 못한 것입니다. 이는 코닥이 디지털카메라 시장 진입을 주저하고, 노키아가 스마트폰의 파괴력을 과소평가했던 심리와 정확히 겹칩니다. 기존 성공 모델을 스스로 허물 용기 부족이 결국 시장에서의 위치를 뒤바꾸어 버린 것입니다.

역사에서 배우지 못하면 같은 실수를 반복한다

우리는 코닥, 노키아 그리고 전통 자동차 기업들이 걸었던 길을 다시 걷지 않아야 합니다. 역사학자 아널드 토인비Arnold Toynbee는 "문명은 흥망성쇠의 유사한 패턴을 반복하며, 인류가 교훈을 얻지 못하면 같은 실수를 되풀이한다."라고 경고했습니다. 혁신도 마찬가지입니다. 창의와 혁신은 아무것도 없는 허공에서 갑자기 탄생하지 않습니다. 오히려 이미 존재하는 제품·서비스를 다르게 바라보는 시각에서 시작되는 경우가 훨씬 많습니다.

아주 오래전, 인류가 동물을 이동 수단으로 사용하기 시작한 것 역시 하나의 창의적 발상이었습니다. 여기에 동물을 훈련시키는 기술이 더해지면서 새로운 시장이 생겨났고, 훈련사의 가치는 자연스럽게 높아졌습니다. 그러나 곧 가마가 등장합니다. 가마는 승차감이 뛰어나고 부상 위험이 낮았기 때문에 사람들은 기꺼이 더 많은 비용을 지불했고, 부의 중심도 훈련사에서 가마 기술자로 옮겨 갔습니다. 기술이 바뀐 것이 아니라 인간이 원하는 '더 나은 경험'이 어디에 있는가를 정확히 읽은 쪽이 새로운 성장의 주인공이 된 것입니다.

운송 수단의 진화는 이를 더욱 극적으로 보여 줍니다. 나무 바퀴에서 철제 바퀴로, 마차에서 엔진을 이용한 자동차와 기차로, 그리고 이제는 도로와 철도 인프라 없이 공중을 이동하는 UAM(도심항공 모빌리티) 시대를 눈앞에 두고 있습니다. 중국은 해발 1,000미터 이하의 저공역을 활용하는 저공경제를 새로운 성장 동력으로 삼고, 저고도 비행 허가 절차를 간소화하는 등 국가 차원의 전략을 속도감 있게 추진하고 있습니다. 변화는 늘 기존의 무언가를 대체하며 일어나며, 그 안에서 부의 중심도 계속 이동합니다.

코닥과 노키아의 사례에서 보듯, 자기 잠식에 대한 두려움은 기업의 혁신을 가로막는 치명적인 요인입니다. 그러나 아이러니하게도 무작정 자기 잠식을 피하려는 태도야말로 진짜 큰 리스크입니다. 창의와 혁신을 이루기 위해서는 기존의 성공을 스스로 허물 용기가 필요합니다. 자기 잠식 없는 창의와 혁신은 현실에서 구현될 가능성이 극히 낮습니다.

실패한 기술이
위대한 혁신이 되다

우리 일상에서 자주 사용하는 포스트잇Post-it은 사실 실패한 기술에서 시작된 혁신입니다. 3M의 초기 목표는 강력한 접착제를 개발하는 것이었습니다. 그러나 연구 결과 나온 접착제는 기대와 달리 접착력이 약한, 어정쩡한 결과물이었습니다. 회사 내부에서도 뚜렷한 상용화 계획이 없었고, 기술적 완성도도 낮았기 때문에 이 기술은 한때 '실패한 시도'로 남을 뻔했습니다.

그러던 중 교회 성가대 활동을 하던 3M 직원 아서 프라이Arthur Fry가 등장합니다. 그는 찬송가 책에 끼워 둔 북마크가 자꾸 떨어지는 것이 불편했습니다. 그러던 어느 날, 동료 연구원 스펜서 실버Spencer Silver가 개발해 두었던 '약한 접착제'를 떠올렸고, 그 접착제를 종이에 발라 북마크로 사용해 보았습니다. 그렇게 해서 붙였다 떼었다 할 수 있는 메모지, 포스트잇이 탄생했습니다.

이 제품은 1980년 상용화된 이후 40년 넘게 전 세계에서 사랑받는 필수품이 되었고, 오늘날 3M은 탈부착 메모장 시장에서 약 77퍼센트에 달하는 압도적 점유율을 차지하고 있습니다. 이 사례는 우리에게 분명한 메시지를 줍니다. 문제는 기술이 아니라 그 기술을 어떤 생각과 결합하는가에 달려 있다는 점입니다. 기술은 그대로인데, 창의적 해석이 바뀌자 실패한 기술이 세계적인 히트 상품으로 재탄생한 것입니다.

(출처: 위키미디어커먼스)

다이슨 역시 실패와 혁신을 동시에 보여 주는 기업입니다. 다이슨은 가전과 청소기로 유명한 회사지만 한때 전기차 시장에 도전하며 6억 달러 이상을 투자했습니다. 기술적으로 상당한 수준에 도달했음에도, 예상 판매가가 대당 1억 원 이상이라는 한계 때문에 결국 프로젝트를 접어야 했습니다. 이 실패는 기술의 부족 때문이 아니었습니다. 이미 테슬라와 BYD가 가격 경쟁력을 갖춘 상황에서, 소비자 입장에서 느낄 만한 차별적 가치와 설득력 있는 가격 구조를 제시하지 못했기 때문입니다.

반면 다이슨의 헤어드라이어는 정반대의 길을 걸었습니다. 다이슨은 그 물건에서 기술이 아니라 '불편함'을 먼저 보았습니다. 헤드 모터가 무거워 손목이 쉽게 피로해지고, 열이 한쪽으로 쏠려 모발이 상하고, 소음이 크고, 온도 조절이 세밀하지 못한 기존 제품들을 깊이 관찰한 뒤, 이를 해결하는 데 창의의 초점을 맞췄습니다. 그리고 이를 구현하기 위해 약 4년간 1,000억 원에 달하는 투자를 하고, 600개 이상의 시제품을 발명했으며, 끊임없이 미용사 및 모발 과학자와의 협업을 진행했습니다.

이토록 집요한 과정을 거쳤을 뿐 아니라 여기에 기존 청소기와 공기청정기에서 축적한 모터·공기 흐름 제어 기술을 헤어드라이어에 접목하며 기술 간 결합을 통해 제품 완성도를 끌어올렸습니다. 그 결과, 다이슨 헤어드라이어는 '비싼 드라이기'에서 시작해 결국 새로운 카테고리의 대표 제품이 되었습니다. 2023년 기준 다이슨의 총 매출 약 75억 달러 중 헤어드라이어가 약 7억 3천만 달러(매출의 10퍼센트)를 차지할 정도로 성장했고, 한국에서는 '국민 헤어드라이어'라는 별칭이 붙을 만큼 보편적인 제품이 되었습니다.

여기에 그치지 않고, 다이슨은 가전과 농업을 접목하는 새로운 시도에도 나서고 있습니다. 2025년 8월 공개된 소식에 따르면, 다이슨은 유리온실과 자동 수확 로봇 등 기존 사업과는 거리가 있어 보이는 영역에서 또 다른 혁신을 실험 중입니다. 로봇팔 16대가 월 20만 개의 딸기를 사람과 비슷한 동작으로 하나씩 수확하는 장면은 '기술이 사람의 노동을 어떻게 보완할 수 있는가?'라는 질문에 대한 강렬한 답처럼 보입니다.

이 프로젝트는 농부의 노동을 줄이고, 시간과 비용을 절감하며, 더 안정적인 수확을 가능하게 한다는 점에서 충분히 창의적입니다. 여기에 다이슨이 축적한 로봇·센서·제어 기술이 결합하면서, 농업과 기술의 조합이라는 새로운 혁신의 장을 열고 있습니다. 다이슨의 일부 실패는 그저 실패로 끝나지 않고, 또 다른 창의와 혁신의 원료가 되어 사람을 향한 창의와 혁신을 더욱 강화하고 있습니다.

창의와 혁신의
사이클을 지속하라

앞서 살펴본 3M과 다이슨의 사례는 우리에게 중요한 세 가지 교훈을 줍니다. 첫째, 기술은 그 자체로 혁신이 아니라는 점입니다. 어떤 생각과 결합하느냐에 따라 같은 기술이 실패가 되기도, 위대한 혁신이 되기도 합니다. 둘째, 소비자에 대한 이해와 창의적 정의가 전제되어야 한다는 점입니다. 기술보다 앞서 "우리가 해결하려는 진짜 문제는 무엇인가? 고객에게 어떤 행복과 의미를 줄 것인가?"라는 질문에 답할 수 있어야 합니다. 마지막으로 셋째, 실패는 끝이 아니라 출발점이라는 점입니다. 실패에서 얻은 통찰이 다음 혁신의 자산이 될 때 비로소 조직은 진화합니다.

결국 성장을 동반한 혁신은 정교하게 설계된 창의를 바탕으로 현실화할 수 있는 적절한 기술이 결합할 때 가능합니다. 이것이 바로 기술과 창의가 함께 만들어 내는 선순환이며, 기업이 지속적으로 진화하기 위한 핵심 조건입니다. 지금까지 우리는 창의와 혁신의 정의, 그리고 다양한 사례를 살펴봤습니다. 두 개념은 서로 닮은 점도, 분명한 차이점도 가지고 있습니다.

공통점을 살펴보면 기존과 다른 새로움을 지향하며, 그 새로움은 문제 해결과 삶의 개선을 목표로 합니다. 또한 경제적 이익뿐 아니라 정신적 만족과 행복에 기여할 수 있습니다. 이러한 공통점을 통해 우리는 이렇게 자문하게 됩니다.

"과연 나는 그런 새로움을 찾아낼 준비가 되어 있는가?"

"새로움을 창출할 능력과 체계를 갖추고 있는가?"

이 질문에 스스로 명확한 답을 내릴 수 있어야 합니다. 그렇지 않다면, 창의와 혁신은 늘 슬로건에만 머물 위험이 큽니다.

리스크를 감수하는 용기

창의와 혁신의 또 다른 공통점은 바로 '리스크 테이킹Risk Taking'입니다. 새로운 길을 개척하고 변화를 만들어 내는 과정에서 실패 가능성은 필연적입니다. 창의와 혁신이 조직의 일부로 자리 잡으려면 무엇보다 실패를 두려워하지 않는 문화가 필요합니다. 관료주의와 관행이 지배하는 조직은 창의와 혁신에서 멀어질 수밖에 없습니다.

새로운 시도는 늘 '위험해 보이는 것'에서 시작되기 때문입니다.

그럼에도 리스크를 감수해야 하는 이유는 분명합니다. 한 번의 창의와 혁신은 또 다른 창의와 혁신을 유발하는 승수 효과를 갖기 때문입니다. 위험을 회피하기보다 그 위험을 예측·측정·통제할 수 있는 역량을 갖추는 것이 중요합니다. 리스크를 무조건 피하려고만 하면 창의와 혁신은 결코 뿌리내릴 수 없습니다.

애플의 사례는 이를 잘 보여 줍니다. 애플은 과감한 리스크 테이킹을 통해 아이폰, 아이패드, 아이팟을 세상에 내놓았고, 이는 상거래·커뮤니케이션·정보 유통 등 인간 생활 전반을 바꾸어 놓았습니다. 애플의 성공은 단지 뛰어난 기술 덕분이 아니라 위험을 감수한 결정과 모험적인 조직 문화 덕분이었습니다. 테슬라, 스페이스X, 솔라시티 등을 이끌어 온 일론 머스크**Elon Musk** 역시 리스크 테이킹의 대표적 인물입니다. 그는 민간 최초의 화성 탐사와 유인 우주 여행을 목표로 삼고, 아무도 시도하지 않았던 재사용 로켓 기술을 현실화했습니다. 이를 통해 발사 비용을 기존의 10~20퍼센트 수준으로 낮추고, 나사**NASA** 및 상업 위성 발사 시장에서 60퍼센트 이상 점유율을 확보했습니다.

이들의 사례는 다음과 같은 깨달음을 전해 줍니다. 창의와 혁신은 결국 리스크와 가장 가까운 친구이며, 리스크를 관리하고 활용할 줄 아는 조직만이 새로운 가능성을 열 수 있다는 사실입니다. 우리는 리스크의 정의를 다시 생각해야 합니다. 단지 손실이나 피해가 발생할 확률로만 이해한다면 세상 모든 의사결정은 리스크투성이일 것입니다. 그러나 리스크를 '예측 가능성', '측정 가능성', '통제 가능성'의 관점에서 바라본다면, 그것은 두려움의 대상이 아니라 혁신을 위한 자산이 될 수 있습니다.

현실에서 예측·측정·통제의 세 가지 조건을 모두 완벽히 충족하기란 쉽지 않습니다. 그래서 많은 혁신 사업이 리스크가 너무 크다는 이유로 시작도 못 해 보고 사라집니다. 그러나 모든 리스크가 같은 무게를 지닌 것은 아닙니다. 예를 들어 기존 도메인에서 비즈니스를 확장하는 경우를 생각해 볼까요? 이 경우, 조직은 어느 정도의 예측 가능성과 데이터, 경험을 가지고 있습니다. 이럴 때는 리스크를 피해야 할 장애물이 아니라 '설계와 관리의 대상'으로 바라봐야 합니다. 어느 정도까지는 손실을 감당할 수 있는지, 최악의 경우 무엇을 잃게 되는지, 리스크를 상쇄할 수 있는 학습·브랜드·기술 자산은 무엇인지를 질문하고, 이를 통해 리스크의 크기를 설정하고 관리할 수 있다면 '선택 불가능한 위험'이 아니라 '관리 가능한 리스크'로 다뤄야 합니다.

어떤 경우에는 예측·측정·통제의 세 가지 조건을 모두 충족하지 못하더라도 전략적 이유로 감수할 가치가 있는 리스크를 선택해야 할 때도 있습니다. 결국 창의와 혁신은 리스크를 피하는 문화가 아니라, 리스크와 친구가 되는 문화 위에서 꽃필 수 있습니다. 오늘날 전 세계는 중국의 창의와 혁신 속도와 수준에 주목하고 있습니다. 종이, 인쇄술, 나침반, 화약이라는 세계 4대 발명은 모두 중국에서 탄생했습니다. 중국은 이미 인류 기술사에서 중요한 혁신 국가였습니다.

덩샤오핑의 개혁·개방 이후 중앙정부 주도의 전략이 효과를 발휘하면서, 중국은 세계 창의와 혁신의 주역으로 부상했습니다. 중국 문화 속에는 '부귀험중구富貴險中求'라는 말이 깊이 자리 잡고 있습니다. "부와 명예는 평탄한 길에서 얻어지지 않으며, 위험을 감수하고 도전해야만 얻을 수 있다"라는 뜻입니다. 이러한 정신이 오늘날 중국의 창의와 혁신을 떠받치는 중요한 토대 중 하나일 것입니다. 창의와 혁신은 성장과 발전의 원동력입니다. 물론 창의와 혁신이 부족해도 때로는 '운이 좋아서' 성공하는 기업이 있을 수 있습니다. 그러나 운은 오래 지속되지 않습니다. 지속 가능한 성장은 반드시 창의와 혁신이라는 토대 위에서만 가능합니다.

창의와 혁신의 사이클을 이해하라

창의와 혁신을 자신만의 관점으로 해석하고 사고의 틀로 정립한다면 우리는 세상을 훨씬 깊이 있게 이해할 수 있습니다. 창의와 혁신이라는 렌즈를 통해 세상을 보면 다양한 사회·경제적 현상을 스스로 해석할 수 있고, 어떤 기업은 성장하고 어떤 기업은 몰락하는지, 심지어 주식시장에서 주가가 오르고 떨어지는 이유까지 어느 정도 스스로 설명할 수 있게 됩니다. 이러한 사고방식은 투자에서도 힘을 발휘합니다. 저평가된 기업이나 산업을 찾아내고, 그 가치가 시장에서 재평가되는 과정을 이해하게 되면, 돈의 흐름을 읽는 통찰력이 생깁니다. 그렇게 된다면 다른 사람보다 더 낮은 리스크로 더 큰 수익을 얻을 가능성도 높아질 것입니다.

그렇다면 근본적인 질문으로 돌아가 보겠습니다. 창의와 혁신은 같은 개념일까요? 아니면 전혀 다른 것일까요? 언뜻 보면 둘 다 '새로운 무언가를 만들어 낸다'는 점에서 비슷해 보입니다. 완전히 틀린 말은 아닙니다. 하지만 창의와 혁신을 가장 정확하게 이해하는 방법은 두 가지를 '사이클의 관점'에서 바라보는 것입니다.

창의는 혁신의 원재료입니다. 새로운 아이디어, 새로운 시각, 새로운 문제 정의를 제시하는 단계가 바로 창의입니다. 혁신은 그 생각에 기술을 접목해 현실 세계에서 구현하는 과정입니다. 창의가 '생각의 단계'라면, 혁신은 '실행의 단계'입니다. 두 개념은 따로 떨어져 존재하지 않습니다. 창의 없는 혁신은 존재할 수 없고, 혁신 없는 창의 역시 현실을 바꾸지 못합니다.

창의적인 생각을 현실화하려면, 그 아이디어를 구체화할 수 있는 적절한 기술과 실행력을 발굴해야 합니다. 반대로 아무리 훌륭한 아이디어라도 기술이 잘못 선택되거나 조직의 실행력이 부족하거나 사이클 중간이 어딘가에서 오작동하면 성장은 멀어집니다. 따라서 성장이라는 결과를 얻게 되기 위해서는 혁신은 창의를 이해해야 하고, 창의는 혁신을 이해해야 합니다. 두 개념은 경쟁 관계가 아니라 한 쌍의 짝이며, 이러한 순환이 건강하게 작동할 때 비로소 조직과 사회는 발전할 수 있습니다.

창의와 혁신은 결과물에서도 차이가 있습니다. 창의의 결과물은 아이디어, 보고서, 기획안 같은 개념적 산출물입니다. 혁신의 결과물은 제품, 서비스, 플랫폼, 시스템 등 현실에서 작동하는 구체적 산출물입니다. 예를 들어, "언제 어디서나 정보를 접근할 수 있게 하자."라는 발상은 창의의 산물입니다. 이 아이디어를 스마트폰이라는 물리적·디지털 기기로 구현한 것은 혁신의 산물입니다.

적용되는 대상에서도 차이가 있습니다. 창의는 개인, 기업, 비영리단체, 공공기관 등 모든 영역에서 필요합니다. 혁신은 주로 영리 기업과 산업 현장에서 큰 비중을 갖습니다. 개인이 아무리 창의적인 아이디어를 떠올려도 이를 제품·서비스로 구현하는 것은 쉽지 않습니다. 반면 기업은 이를 실행할 자원과 조직을 갖추고 있습니다.

평가 기준 역시 다릅니다. 창의는 "얼마나 기존과 다른가?" "얼마나 독창적인가?"로 평가됩니다. 혁신은 "사회 구성원에게 얼마나 많은 효용을 제공했는가?"로 판단되며 구독자 수, 매출, 시장 점유율 등 구체적인 수치로 측정됩니다.

이처럼 창의와 혁신은 실행 순서·적용 대상·평가 기준에서 분명한 차이를 보입니다. 그러나 이 차이를 이유로 두 개념을 분리해서 보는 실수를 해서는 안 됩니다. 앞서 말했듯, 창의와 혁신은 별개의 존재가 아니라 서로를 필요로 하는 하나의 사이클입니다. 창의가 있어야 혁신이 가능하고, 혁신이 있어야 창의가 의미를 가집니다. 조직이 창의와 혁신을 실무에 적용하려면 현재 조직의 창의·혁신 수준을 정량·정성적으로 측정하고, 어느 단계가 약한지 파악한 뒤 부족한 부분에 장기적인 투자를 해야 합니다. 이 과정을 통해서만 '창의-혁신 사이클'을 더욱 견고하게 만들 수 있습니다.

혁신의 속도는 점점 빨라지고 있다

창의와 혁신의 진정한 힘은 한 번의 성공이 끝이 아니라 새로운 시작이 된다는 것입니다. 한 번의 창의적 아이디어와 혁신적 실행은 세상을 이롭게 하는 제품·서비스를 탄생시키고, 이는 곧 조직의 성장을 이끕니다. 성장한 조직은 다시 새로운 창의와 혁신을 시도할 수 있는 자원과 여유를 확보하게 됩니다.

이렇게 창의와 혁신은 서로를 원료로 삼아 끊임없이 진화하는 순환 구조를 형성합니다. 이러한 사이클이 반복될수록 경쟁 구도는 점차 승자독식Winner-takes-all으로 기울어집니다.

창의와 혁신을 통해 시장을 선도한 기업은 그 자체로 새로운 혁신의 기반을 구축하게 되고, 이 기반은 다시 더 강력한 혁신을 만들어 내는 토양이 됩니다. 반대로 이 경쟁에서 밀려난 기업은 다시 회복하기 어려운 구조적 불리함에 직면합니다. 승자독식 구조를 심화

시키는 가장 큰 이유 중 하나는 혁신의 속도 자체가 과거와 비교할 수 없을 만큼 빨라졌기 때문입니다.

19세기 산업 혁명 초기, 증기기관·철도·전기 같은 핵심 기술이 사회 전반에 확산되기까지는 100년 이상이 걸렸고, 에디슨이 1879년 전구를 발명한 이후 전기가 가정과 산업 전반에 보급되기까지도 50년 이상이 필요했습니다. 포드의 '모델 T'가 본격적으로 대량 생산되어 보급되기까지는 20~30년, 1876년 개발된 유선전화가 미국 가정의 절반에 보급되기까지는 약 70년이 걸렸습니다. 과거에는 하나의 혁신이 세상에 자리 잡는 데 수십 년이 걸렸지만, 오늘날은 전혀 다릅니다.

디지털화와 네트워크 확산으로 혁신의 전파 속도는 기하급수적으로 빨라졌습니다. 스마트폰, 클라우드, 인공지능, 전기차 같은 기술은 등장 후 불과 몇 년 만에 전 세계를 뒤흔들었습니다. 이 말은 곧 승자독식 구조가 과거보다 훨씬 빠르게 굳어지고, 한번 시장에서 밀려난 기업이 재기할 시간과 기회가 급격히 줄어든다는 뜻입니다. 이 환경에서 '경쟁에서 탈락한다'는 말은 단순히 시장 점유율을 잃는다는 의미를 넘어섭니다. 그것은 곧 창의와 혁신 경쟁에서 뒤처졌다는 선언이고, 다시 선두를 추격할 수 있는 구조적 기회가 줄어든다는 뜻입니다.

글로벌 기업들의 전략도 이를 반영하고 있습니다. 한 번의 성공을 '종착점'이 아니라 다음 단계 창의와 혁신을 위한 발판으로 삼는 것입니다. 구글, 애플, 테슬라, 아마존이 공통적으로 보여 주는 것도 바로 이 점입니다. 창의와 혁신의 사이클을 구축하고, 그 사이클을 반복적으로 강화하는 조직만이 미래의 승자독식 생태계에서 살아 남을 수 있습니다. 그리고 이 경쟁에서의 승패는 단지 개별 기업의 흥망성쇠를 넘어, 국가와 사회의 미래까지 좌우하게 될 것입니다.

기후 위기로 달라진
해결 과제들

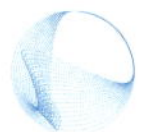

기후만큼 인간의 삶에 광범위하게 영향을 미치는 요소는 없습니다. 우리가 계절을 느끼는 방식, 농사가 가능한 시기와 방식, 산업이 돌아가는 속도, 전력 수요의 패턴, 도시의 구조와 교통 체계, 심지어 일상 속 기분과 건강 상태까지 모두 기후와 연결되어 있습니다. 비가 조금 더 자주 오는가, 눈이 줄어드는가의 문제가 아니라 삶의 방식 전체가 서서히 재편되는 수준의 변화가 진행되고 있는 것입니다.

지금 우리는 지구온난화라는 전 인류적 난제 앞에 서 있습니다. 매년 에어컨을 켜는 날은 늘어나고, '올해가 앞으로의 여름 중 가장 덥지 않은 해가 될 것'이라는 섬뜩한 예측이 더 이상 과장이 아니게 느껴집니다. 지난 50년간(1975년 이후) 지상과 해수의 평균 온도는

10년마다 0.18도씩 상승해 왔고, 그 상승 속도는 점점 빨라지고 있습니다. 0.18도라는 숫자는 작아 보이지만, 지구 평균 온도를 0.18도 올리는 것은 인류 전체가 기후 시스템을 밀어 올린 결과에 가깝습니다.

인류가 스스로 만들어 낸 온도 상승의 대가를 치러야 하는 시점이 점점 가까워지고 있습니다. 우리 일상의 언어로 치환하자면 "지구를 빌려 쓰는 사용료를 그동안 미뤄 두다가 이제야 청구서를 받기 시작했다."라고 말할 수도 있을 것입니다. 우리나라만 봐도 고온으로 인한 피해는 이미 피부로 느껴질 정도입니다. 1994년 기록적인 폭염으로 90명 이상이 온열 질환으로 사망했고, 2023년에도 이상 고온과 집중 호우, 폭우로 인한 침수 피해가 이어지며 8,000억 원이 넘는 경제적 손실이 발생했다고 합니다. 이것이 끝이 아닙니다. 폭염에 따른 작업 중단, 농작물 피해, 냉방 비용 증가, 노년층 건강 악화 등 숫자로 잡히지 않는 보이지 않는 비용까지 합치면 실질적인 피해 규모는 훨씬 크다고 봐야 합니다.

기후 문제 해결은 새로운 시장과 산업의 씨앗

이처럼 지구 기온 상승을 완화하고, 이미 진행 중인 기후 변화의 속도를 늦추기 위한 창의와 혁신은 어느 때보다 절실합니다. 단순히

"전기를 아끼자" "자동차 이용량을 줄이자" 수준의 구호를 넘어 "에너지 생산 방식을 어떻게 바꿀 것인가?" "도시와 건축을 어떻게 설계할 것인가?" "물류·유통·농업 시스템을 어떻게 재편할 것인가?"와 같은 좀 더 구체적이고 근본적인 질문에 답해야 하는 시점에 와 있습니다.

국제사회도 오랜 시간 다양한 노력을 기울여 왔습니다. 1992년 채택된 유엔기후변화협약(UNFCCC)은 온실가스 농도를 안정화하는 것을 목표로 삼았지만, 법적 구속력이 약해 실제 감축 효과는 제한적이었습니다. 이후 2005년 발효된 교토의정서는 선진국에 온실가스 감축 의무를 부과하며 한 걸음 더 나아갔지만, 미국의 불참과 개발도상국에 대한 예외 인정 등으로 실효성이 떨어졌습니다.

2015년의 파리협정에서는 모든 국가가 자발적으로 감축 목표를 제출하고, 주기적으로 이행 상황을 점검하는 체계를 마련했습니다. 여기까지 오기까지 세계는 적지 않은 협상과 충돌, 양보를 경험했습니다. 그럼에도 불구하고 지구 평균 온도는 여전히 상승세를 멈추지 않고 있습니다. 이 흐름은 우리에게 중요한 메시지를 던집니다. 바로 제도나 협약만으로는 더 이상 충분하지 않다는 점입니다.

규제와 합의는 필요조건일 뿐 충분조건이 아닙니다. 온실가스 감축 목표를 적는 종이와 실제 산업 현장에서 움직이는 설비, 건물, 자동차, 데이터센터 사이에는 커다란 간극이 존재합니다. 이 간극을 메우는 힘이 바로 창의와 혁신입니다. 이제 필요한 것은 새로운 규정을 하나 더 만드는 것이 아니라 에너지를 덜 쓰면서도 더 편리하게 사는 방법, 자원을 덜 쓰면서도 더 풍요롭게 느끼는 방식, 배출을 줄이면서도 성장을 이어가는 비즈니스 모델을 상상하고, 이를 현실로 구현하는 일입니다.

기후 위기를 줄이는 동시에 경제 성장까지 이끌어낼 수 있는 아이디어, 그리고 그 아이디어를 제품·서비스·플랫폼으로 구체화하는 기업은 단숨에 글로벌 리더로 부상할 수 있습니다. 예를 들어, 건물 에너지 효율을 획기적으로 개선하는 솔루션이나 재생에너지와 저장장치를 지능적으로 연결하는 플랫폼, 소비자가 탄소 발자국을 쉽게 이해하고 선택할 수 있게 돕는 서비스와 같은 것들은 단순한 친환경 상품이 아니라 새로운 시장과 산업을 여는 혁신의 씨앗이 될 수 있습니다.

기후 문제 해결의 열쇠는 결국 창의와 기술의 결합에 있습니다. 데이터 분석, 인공지능, 소재·센서 기술, 에너지 공학, 도시 계획, 금융 공학 등이 서로 엮이는 지점에서 새로운 가능성이 열립니다. 이 교차점에서 지금까지 없었던 형태의 기업과 산업이 등장할 것이며, 우리는 바로 그 지점에서 창의와 혁신이 어떻게 연결되는가를 가장 선명하게 보게 될 것입니다.

지구를 보전하는 공통의 과제

지구는 46억 년의 역사를 지녔지만, 인간의 무분별한 개발과 파괴로 그 지속 가능성이 심각하게 위협받고 있습니다. 얼마 전까지만 해도 우리는 숲을 베어 내고, 강을 직강화하고, 매립을 통해 바다를 밀어내면서 그것을 '개발'이라고 불렀습니다. 인류는 지구 역사에서 보면 한 점의 티끌에 지나지 않지만, 그 티끌이 휘두르는 영향력은 이제 행성의 균형을 흔드는 수준에 이르렀습니다.

마치 지구가 무한한 자원 창고인 것처럼 더 많이 캐고, 더 많이 태우고, 더 많이 버려도 괜찮다고 믿어 온 결과가 지금의 현실입니다. 이 흐름을 되돌리기 위해 앞으로 '지구 보전 기술Earth Conservation Technology'은 글로벌 어젠다의 핵심 축으로 떠오를 가능성이 큽니다. 지구 보전 기술은 단순히 환경을 덜 파괴하는 기술 정도가 아닙니다. 에너지 효율을 극대화하는 기술, 온실가스를 포집·저장·활용(CCUS)하는 기술, 재생에너지의 변동성을 보완하는 그리드·저장 기술, 폐기물을 자원으로 전환하는 순환경제 기술, 물과 토양, 생태계를 회복시키는 복원 기술 등을 포괄하는 훨씬 넓은 개념입니다.

이제 환경은 비용 항목이 아니라 국가와 기업의 경쟁력을 재정의하는 기준이 되고 있습니다. 이미 유럽의 여러 기업들은 공급망 전반에 걸쳐 재생에너지 사용 전환을 요구하고 있습니다. '우리 공장만 깨끗하면 된다'는 시대는 끝났습니다. 원재료를 공급하는 업체, 부품을 만드는 하청 기업까지 전체 밸류체인에 걸친 탄소 배출량이 평가 대상이 되고 있습니다.

유럽연합EU(이하 EU)은 제품 생산 과정에서 발생한 탄소 배출량에 비례해 탄소관세를 부과하는 제도를 도입했습니다. 이제 '얼마나 싸게 만드는가'만이 아니라, '얼마나 깨끗하게 만드는가'가 함께 가격에 반영되는 시대가 열린 것입니다. 우리나라 수출 기업 중 EU의 탄소국경조정제도CBAM의 시행으로 철강, 알루미늄, 전력 등의 기업 상당수가 영향을 받게 됩니다. 이에 따라 수출 기업들이 이미 재생에너지 사용을 요구받고 있습니다. 이 비율은 앞으로 훨씬 더 빠른 속도로 늘어날 것입니다. 몇 년 안에 재생에너지 미사용은 단순한 선택의 문제가 아니라 수출 자격을 잃는 요인이 될 수도 있습니다.

국가 차원의 전략적 접근이 뒤따라야

이 모든 흐름은 한 가지 사실을 말해 줍니다. 지구 보전 기술은 더 이상 선택 가능한 옵션이 아니라 기업의 수출과 생존을 좌우하는 조건이라는 점입니다. 그러나 중소 제조업 중심 구조를 가진 한국 경제에서 개별 기업이 단독으로 이러한 기술을 확보하기란 매우 어렵습니다. 태양광·풍력 설비 도입, 에너지 관리 시스템 구축, 공정 전환, 탄소 배출 측정·보고 시스템 구축 등은 막대한 초기 비용과 전문성을 요구하는 영역이기 때문입니다. 따라서 국가 차원의 전략적 접근이 필수적입니다.

단순히 친환경이 중요하다고 말하는 수준이 아니라 어떤 분야의 지구 보전 기술을 국가 전략 기술로 삼을 것인지, 어떤 인재를 어떻게 길러낼 것인지, 어떤 세제·금융·규제 지원을 제공할 것인지 구체적으로 설계해야 합니다. 우리나라가 세계 3대 AI 강국으로 도약하기 위해 막대한 예산을 투자하고, 데이터·반도체·연구 인프라에 집중해 왔듯이 앞으로는 '지구 보전 기술 강국'이 되는 것을 분명한 국가 목표로 삼을 필요가 있습니다.

지구 보전 기술은 앞으로 국가·기업 경쟁력을 가늠하는 새로운 척도가 될 것입니다. 탄소 배출 규제에 얼마나 잘 적응했는가, 에너지와 자원을 얼마나 효율적으로 쓰는가, 환경 위기를 새로운 산업 기회로 전환했는가가 한 나라와 기업의 미래를 결정하게 될 것입니다. 결국 창의와 혁신이 기후 위기와 만나는 지점에서 새로운 기술이 태어나고, 새로운 기업이 등장하며, 새로운 성장의 축이 형성됩니다.

앞으로의 시대는 '누가 더 많이 성장하는가'의 경쟁이 아니라 '누가 더 창의적으로 지구를 지키면서 성장하는가'의 경쟁이 될 가능성이 큽니다. 그리고 그 경쟁의 핵심 키워드가 바로 지구 보전 기술이 될 것입니다.

AI시대의 부를 이끌 혁신에 집중하라

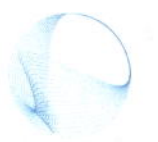

AI는 '새로운 전기'다.

-앤드류 응Andrew Ng

창의와 혁신의 힘은 한 기업의 흥망성쇠를 넘어 국가의 운명과 세계 질서까지 뒤바꿔 왔습니다. 단일 기업의 성공 사례를 넘어 보다 거시적인 관점에서 보면 인류의 역사에서 커다란 전환점이 되었던 네 번의 산업혁명은 언제나 창의와 혁신의 집약된 결과물이었고, 그 성과를 가장 먼저, 가장 깊이 자신의 것으로 만든 국가들이 막대한 부와 권력을 손에 쥐었습니다.

우리가 주목해야 할 지점은 단순히 혁신이 존재했다는 사실이 아니라 '각 산업혁명을 선도한 국가가 어떻게 세계 질서의 중심으로 이동했는가'입니다.

1차 산업 혁명을 주도한 영국이 대표적인 사례입니다. 증기기관을 중심으로 한 기술 혁신은 전통적인 수공업을 기계 공업으로 대체했고, 방직·제철·기계 산업은 폭발적인 생산성 향상을 경험했습니다. 이에 영국은 '세계의 공장'이라는 별칭을 얻었고, 런던은 세계 무역과 금융의 허브로 급부상했습니다. 철도와 증기선으로 대표되는 새로운 운송 인프라는 원자재를 값싸게 수입하고, 제조품을 전 세계로 수출하며, 식민지를 효율적으로 통치하는 제국주의 시스템의 기반을 제공했습니다. 그 결과 영국은 군사력과 경제력을 토대로 광대한 식민지를 구축했고, 산업 혁명이 만들어 낸 부와 기술 우위는 곧 세계 패권으로 이어졌습니다.

2차 산업 혁명의 중심국이었던 독일 역시 비슷한 궤적을 그렸습니다. 전기, 화학, 정밀 기계 분야에서 독일이 이룬 비약적인 발전은 지멘스Siemens, 바스프BASF, 벤츠Benz와 같은 기업의 탄생을 가능하게 했고, 이 기업들은 곧 독일 제조업의 상징이 되었습니다. 특히 2차 산업 혁명 시기에 형성된 체계적인 직업 교육 시스템, 기술자 중심의 산업 문화, 중소·중견기업이 두텁게 존재하는 미텔슈탄트Mittelstand 구조는 오늘날까지도 독일이 자동차, 기계, 화학 분야에서 세계 최고 수준의 경쟁력을 유지하는 토대가 되었습니다. 다시 말해, 이 시기 축적된 혁신의 DNA가 국가 경제 구조 깊숙이 뿌리내렸기 때문에 독일은 여전히 '기술 강국', '제조 강국'의 위상을 유지할 수 있는 것입니다.

물론 창의와 혁신의 힘이 항상 긍정적인 결과만 가져온 것은 아닙니다. 1차 산업 혁명은 제국주의적 식민지 경쟁을 부추겼고, 2차 산업 혁명은 전기·화학·기계 기술의 발전을 기반으로 대량 살상 무기와 전쟁 산업을 급속히 성장시켰습니다. 이는 결국 제1차·제2차 세계대전이라는 비극으로 이어졌습니다. 이 사실은 중요한 교훈을 줍니다. 창의와 혁신은 그 자체로 선도, 악도 아니며 그것을 어떤 방향으로, 누구를 위해 사용할 것인가에 따라 인류의 번영을 이끌거나 반대로 파괴를 초래할 수도 있다는 점입니다.

3차 산업 혁명, 즉 디지털 혁명은 이전과는 전혀 다른 속도로 세상을 바꾸었습니다. 1970년대 후반부터 2000년대 초반까지 진행된 이 혁명은 전자공학, 정보통신기술, 컴퓨터, 인터넷 발전을 기반으로 했습니다. 이 시기 우리는 개인용 컴퓨터PC의 등장과 보급, 인터넷의 상용화, 휴대폰과 이동통신 기술의 발전을 경험했습니다. 흥미로운 점은, 1·2차 산업 혁명 때와 달리 이러한 기술들이 대중의 일상으로 스며들기까지 20년도 채 걸리지 않았다는 점입니다. 혁신의 상용화와 확산 속도가 비약적으로 빨라진 것입니다.

3차 산업 혁명의 대표적 수혜국은 단연 미국입니다. 실리콘밸리를 중심으로 수많은 IT 기업이 탄생했고, 그중 일부는 오늘날 세계 경제를 움직이는 플랫폼으로 성장했습니다. 아마존과 같은 글로벌 이커머스 기업, 인터넷 장비 및 네트워크 인프라 기업, 마이크로소프트, 애플, 구글 등 소프트웨어와 플랫폼 기업은 디지털 전환의 물결을 선도하며 막대한 부를 축적했습니다. 이처럼 각 산업 혁명마다 혁신을 선도한 국가는 공통적으로 부의 집중 효과를 경험했습니다. 그리고 그 효과는 수십 년, 길게는 수백 년 동안 지속되었습니다.

짧아진 변화 속도를 이길 유일한 무기

이 모든 사례가 우리에게 말해 주는 것은 단 하나입니다. 창의와 혁신은 산업 혁명의 핵심 동력이자, 지금도 기업과 국가의 흥망성쇠를 결정짓는 본질적 변수라는 사실입니다. 기술은 언제나 진보했지만 그 방향과 속도를 결정한 것은 결국 인간의 창의였습니다. 증기 기관에서 전기, 컴퓨터, 그리고 인공지능에 이르기까지 산업의 중심이 변할 때마다 창의와 혁신은 새로운 시대의 질서를 재구성해 왔습니다.

창의와 혁신은 단순히 경제 성장을 이끄는 도구가 아니라 국가의 운명을 바꾸는 힘이었습니다. 어떤 국가는 혁신을 제도와 문화속에 내재화해 세계의 중심으로 부상했고, 또 어떤 국가는 변화를 두려워하며 낡은 패러다임에 머물다 역사 속으로 사라졌습니다. 혁신은 언제나 불평등한 속도로 확산되며, 속도가 빠를수록 부의 집중과 편중은 더욱 가속화되었습니다.

오늘날의 세계는 과거보다 훨씬 짧은 주기로 변화합니다. 하나의 기술이 발명되고, 상용화되고, 전 세계로 확산되는 데 걸리는 시간은 불과 몇 년에 불과합니다. 인터넷이 대중화되기까지 15년, 스마트폰이 일상에 자리 잡기까지 10년, 그리고 인공지능이 인간의 사고를 보조하는 데까지는 고작 5년 남짓의 시간이 걸렸습니다. 이러한 혁신의 압축적 확산 속도는 곧 부의 집중 속도로 이어집니다.

혁신의 결과물로 창출되는 부의 크기 또한 과거와 비교할 수 없을 만큼 커졌습니다. 한 세대 전까지만 해도 수백만 명의 노동자와 공장이 필요했던 생산량을, 이제는 한 줄의 알고리즘이 대체하고 있습니다. 이 말은 곧 산업 구조의 중심이 '노동의 가치'에서 '창의의 가치'로 이동했다는 뜻이기도 합니다. 창의와 혁신의 선순환 구조를 만들어 낸 국가는 세계 질서를 주도하며, 이를 구현해 낸 기업은 글로벌 시장에서 압도적인 영향력과 초과 이윤을 확보합니다.

반대로 이 흐름에서 뒤처지는 국가와 기업은 점점 주변부로 밀려날 수밖에 없습니다. 기술 격차는 단순한 생산성의 차이를 넘어 부의 분배, 고용 구조, 교육 수준, 정치적 영향력까지 뒤흔드는 구조적 불균형을 초래합니다. 창의와 혁신의 주도권이 한쪽으로 쏠릴수록 세계는 점점 더 '혁신의 중심과 주변'으로 양극화되고 있습니다. 이 현상은 결코 자연스러운 진화의 결과가 아닙니다. 창의와 혁신을 어떻게 받아들이고 제도화했는가의 결과입니다. 즉 기술 발전 자체가 문제라기보다 창의와 혁신을 담는 사회적 그릇의 크기가 문제인 것입니다.

　따라서 우리는 이 흐름을 국가와 기업 차원에서 무겁게 받아들여야 합니다. 이미 전 세계는 승자독식의 법칙이 일상화된 구조 속으로 진입하고 있습니다. 창의와 혁신의 경쟁에서 탈락한 국가에게는 더 이상 예전처럼 패자부활전의 기회가 쉽게 주어지지 않습니다. 혁신의 속도가 너무 빠르기 때문에 한 번 격차가 벌어지면 따라잡는 데 필요한 시간보다 기술의 진화 속도가 더 앞서가기 때문입니다. 그러나 역설적이게도, 한국은 세계사에서 보기 드문 예외적 사례로 남아 있습니다.

　전쟁의 폐허 위에서 출발해 불과 반세기 만에 산업화와 민주화를 동시에 이룬 나라는 인류 역사상 전례가 거의 없습니다. 이 기적은 단순한 근면과 노력의 결과가 아니라, 창의와 혁신의 본질을 사회적 에너지로 전환시킨 경험이 있었기에 가능했습니다. 하지만 이제 그 과거의 성공 신화에 안주할 수는 없습니다. 세계는 다시 한번 '창의와 혁신'을 기준으로 재편되고 있으며, 이번에는 속도뿐 아니라 규모의 차원에서도 완전히 새로운 질서가 형성되고 있습니다. 냉정하게 말하자면 현재의 후진국이 그대로 후진국으로 남을 가능성은 매우 높습니다. 디지털 전환은 진입 장벽을 낮춘 것처럼 보이지만 실제로는 기술·데이터·자본·인재의 집중을 강화하는 시스템으로 작동하고 있기 때문입니다. 미래의 부와 권력은 선진국, 혹은 혁신의 중심에 서 있는 극소수 국가로 더욱 집중될 가능성이 큽니다.

　이제 우리에게 필요한 것은 자신감보다 긴장감입니다. 과거의 성공을 되풀이하는 방식으로는 다음 시대를 주도할 수 없습니다. 산업의 패러다임이 근본적으로 바뀌고 있는 지금, 한국이 다시 세계의 중심에 설 수 있는 유일한 방법은 창의와 혁신의 원리를 시스템으로 내재화하는 것입니다. 기술을 수입하는 나라에서 기술을 창조하는 나라로, 혁신을 따라가는 나라에서 혁신을 설계하는 나라로 나아가야 합니다. 그러한 변화의 출발점은 '창의와 혁신의 구조'를 다시 정의하는 데 있습니다. 창의가 아이디어의 원천이라면, 혁신은 그 아이디어를 현실로 구현하는 힘입니다. 이 두 요소가 선순환하는 사회만이 부의 불균형을 줄이고, 새로운 부의 지도를 그릴 수 있습니다. 다가오는 시대는 단순히 빠른 자가 이기는 시대가 아닙니다. 창의와 혁신의 구조를 설계할 줄 아는 자, 즉 미래를 미리 실험할 용기를 가진 자가 세상을 이끌게 될 것입니다.

한국 산업의 경쟁력을 다시 세우는 전략

1세대 전, 우리는 전쟁의 폐허 위에서 기적처럼 일어섰습니다. 산업화와 민주화를 동시에 이룬 나라, 후발주자임에도 세계의 기술 선진국 대열에 오른 나라가 지난 반세기 전의 대한민국입니다. 그러나 이제 우리는 또 한 번의 문명적 전환점 앞에 서 있습니다. 바로 AI가 촉발할 4차 산업혁명이라는 거대한 파도입니다. AI는 단순히 새로운 기술이 아닙니다. 그것은 전기나 인터넷처럼 모든 산업의 작

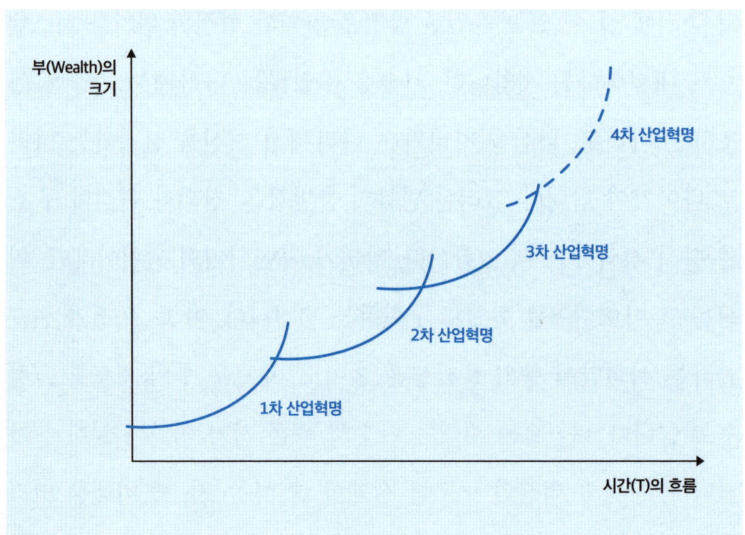

동 원리를 바꾸는 패러다임의 전환입니다. AI를 '도구'로만 보는 시각에서 벗어나야 합니다. AI는 목적이 아니라 창의와 혁신을 유발하는 촉매이자 모든 산업을 재구성하는 핵심 인프라입니다.

AI는 산업을 변화시키는 '트리거trigger'입니다. 각국이 확보한 AI의 수준은 이제 그 나라의 창의력, 혁신력, 생산성의 총합을 가늠하는 새로운 지표가 되고 있습니다. AI를 단순히 알고리즘의 경쟁으로 볼 것이 아니라 국가의 창의 DNA를 구현하는 수단으로 바라보아야 하는 이유가 여기에 있습니다. 한국은 전 세계적으로 보기 드문 제조업 중심 국가입니다. GDP 대비 제조업 비중이 약 27퍼센트에 달하며, 이는 OECD 평균 16퍼센트를 훨씬 상회합니다. 조선·자동차·반도체·디스플레이·배터리 등 핵심 산업군에서 우리는 여전히 세계 시장의 중요한 플레이어입니다.

그러나 최근 몇 년 사이, 우리의 강점이 서서히 흔들리고 있습니다. 중국과 신흥국은 저가 공세로 시장 점유율을 빠르게 확대하고, 선진국은 기술력과 브랜드 경쟁력으로 격차를 벌리고 있습니다. 그 사이에서 우리는 '기술 초격차'와 '원가 경쟁력' 어느 쪽에서도 확실한 우위를 확보하지 못한 채, 점점 산업 피로의 징후를 드러내고 있습니다. 한국 제조업이 맞닥뜨린 이 위기는 단순히 경기순환적 현상이 아니라 구조적 문제입니다. 더 이상 '많이 만들고 싸게 파는 방식'으로는 생존할 수 없습니다. 지금 필요한 것은 완전히 새로운 산업 언어, 즉 'AI 기반의 창의와 혁신 시스템'입니다.

제조업 르네상스의 열쇠, AI

AI는 위기에 빠진 제조업을 되살릴 가장 강력한 열쇠입니다. 하지만 현실은 녹록지 않습니다. 수많은 기업이 AI의 중요성을 인식하고 있음에도 불구하고, 인력·자본·데이터·기술 인프라의 한계로 실제 도입과 실행은 더디게 진행되고 있습니다. AI를 단순히 공장에 로봇을 들이는 일로 착각해서는 안 됩니다. AI는 공정의 효율을 높이는 기술이자 동시에 새로운 가치를 창출하는 창의의 언어입니다. 문제는 대부분의 기업이 아직 그 언어를 읽고, 쓰고, 해석하는 능력을 충분히 갖추지 못했다는 데 있습니다. 이제는 산업 전체를 대상으로 한 AI 도입이 아니라, 각 산업이 가진 고유한 특성과 데이터를 이해한 '산업별 특화 AI 전략'이 필요합니다. AI의 힘은 보편성이 아니라 맥락적 정밀성에서 나오기 때문입니다.

한국이 강점을 가진 산업군마다 AI의 역할은 다르게 설계되어야 합니다. 우리나라가 강점이 있다고 생각되는 산업들에 AI를 접목한다면 다음의 시나리오를 상상해 볼 수 있을 것입니다.

- 중소 제조업 특화 AI: 공정 자동화와 품질 관리, 불량률 예측, 설비의 예지 정비 등 생산 효율성을 높이고 에너지 사용을 최적화함으로써 '스마트 팩토리'를 넘어선 '창의적 공장'을 구현하는 것
- K-조선 AI: 선박 설계, 항로 안전 관리, 친환경 연료 최적화 등에서 인간의 경험에 의존하던 영역을 데이터 기반의 지능적 판단으로 대체하며 '친환경 조선 강국'으로의 도약을 이끄는 것
- 의료·제약 AI: 방대한 생체 데이터를 분석해 신약 개발 기간을 단축하고, 개인 맞춤형 치료 솔루션을 현실화하는 것. AI를 통해 인류의 수명을 연장하고, 질병의 예측과 예방이라는 새로운 의료 산업 패러다임을 만드는 것
- 콘텐츠 산업 AI: 영상, 음악, 게임, 웹툰 등에서 AI는 창작자와 협업하는 동반자로 진화 중. 글로벌 소비자 데이터를 분석해 맞춤형 콘텐츠를 제작하고, AI 번역과 로컬라이징 기술을 통해 K-콘텐츠의 세계화를 가속화하는 것

이처럼 산업별 특화 AI를 구축한다면 한국은 다시 한 번 제조업 강국이자 창의 산업의 중심국으로 부상할 수 있습니다. AI는 더 이상 IT기업만의 기술이 아니라 국가 경쟁력 전체를 견인하는 인프라가 되어야 합니다.

황금알을 낳는 거위를 가질 것인가

산업혁명의 역사를 되돌아보면 기술의 진화는 언제나 거대한 산업 연쇄 효과를 낳았습니다. 증기기관이 방직공장을 움직이자 철도 산업이 폭발적으로 성장했고, 철도는 광산·운송·무역을 촉진했습니다. 전기의 발명은 공장의 밤을 낮으로 바꾸며 생산성을 몇 배로 끌어올렸고, 전자공학과 정보통신기술은 인류의 사고방식 자체를 바꾸었습니다. 한 번의 혁신은 늘 또 다른 혁신을 낳았고, 그 선순환의 중심에 선 국가는 언제나 막대한 부와 권력을 손에 넣었습니다.

이것이 바로 '황금알을 낳는 거위의 법칙'입니다. 산업혁명은 단순히 기술의 진보가 아니라, 부의 창출 구조를 재편하는 문명적 사건이었습니다. 증기기관을 먼저 가진 영국은 100년간 '세계의 공장'으로 군림했고, 전기와 화학 산업을 주도한 독일은 20세기 초 제조업의 표준을 세웠습니다. 전자·컴퓨터·인터넷 혁명을 선도한 미국은 그 이후 한 세기 넘게 세계 경제의 중심을 지켜 왔습니다.

이제 4차 산업혁명이라는 이름으로 불리는 AI 시대가 그다음의 주인공을 선택할 차례입니다. 다만 이번에는 핵심 인프라가 증기기관도, 전기도 아닙니다. 그 자리를 대신하는 것은 AI, 즉 지능이라는 새로운 생산 수단입니다. AI는 그 자체로 기계나 시스템이 아니라 모든 산업의 작동 원리를 재설계하는 두뇌이자 심장입니다. AI가 도입되는 순간, 산업의 흐름은 더 이상 인간의 노동력과 자본만으로 설명되지 않습니다. 데이터, 알고리즘, 창의가 결합한 새로운 가치사슬이 작동하기 시작합니다.

AI, 새로운 산업혁명의 기관차

AI는 이미 우리가 인식하지 못하는 사이, 거의 모든 산업의 심층부에서 작동하고 있습니다. 의료에서 질병을 조기 진단하고, 금융에서 신용을 평가하며, 제조업에서는 불량률을 예측하고, 유통에서는 소비자의 '다음 행동'을 계산합니다. 이 과정에서 AI는 단순한 효율의 도구가 아니라 새로운 창의의 파트너가 되고 있습니다.

즉 AI는 인간의 노동을 대체하는 기술이 아니라 인간의 상상력을 확장하는 기술입니다. 이 확장의 규모가 곧 국가 경쟁력의 척도가 될 것입니다. 4차 산업혁명의 핵심은 더 이상 자동화가 아닙니다. 이전의 혁명들이 인간의 노동을 기계로 대체했다면, 이번 혁명은 인간의 사고와 판단을 지능으로 확장하는 데 있습니다. 따라서 AI는 단순히 생산성을 높이는 기술이 아니라 '새로운 부의 문법을 창조하는 존재'입니다.

AI가 만들어내는 변화는 단순한 산업적 재편이 아닙니다. 그것은 부의 구조 자체의 재편restructuring입니다. 이전에는 자본과 노동이 결합해 부를 창출했다면, 이제는 데이터와 알고리즘이 중심이 됩니다. 그 결과, AI를 선점한 국가와 기업은 기하급수적인 부의 집중 효과를 누리게 될 것입니다. 이는 마치 산업혁명기 영국의 면방직 공장, 20세기 초 미국의 포드 공장, 21세기 초 실리콘밸리의 데이터 센터가 보여준 현상과 같습니다. 다만 이번에는 속도가 다릅니다. 이전에는 부의 집중이 수십 년에 걸쳐 이루어졌다면, AI 시대에는 단 몇 년, 혹은 몇 달 만에도 세계 경제의 판도가 바뀔 수 있습니다.

그렇기에 AI에 투자하는 일은 선택이 아니라 생존의 문제입니다. AI 투자에 성공하는 국가는 황금알을 낳는 거위를 손에 넣게 될 것입니다. AI는 한 번 구축되면 스스로 데이터를 학습하고, 그 데이터를 통해 다시 더 나은 알고리즘을 만들어 내며, 새로운 시장과 산업을 동시에 창출합니다. 즉 한 번의 혁신이 연속적인 부의 재생산을 가능하게 하는 '자기 증식 구조'를 형성하는 것입니다. 이 구조를 가진 국가는 부를 단순히 소비하지 않고, 부를 끊임없이 새로 창조할 수 있습니다.

반대로 AI 혁명에 뒤처진 국가는 한 번의 기회를 잃으면 다시는 따라잡기 어려운 구조적 격차에 직면하게 됩니다. AI 산업은 규모의 경제와 데이터의 누적 효과로 작동합니다. 일찍 시작한 자가 더 많은 데이터를 확보하고, 그 데이터로 더 정교한 알고리즘을 만들며, 그 결과 다시 더 큰 시장을 장악하는 선순환을 만듭니다. 이 구조는 후발주자에게 패자부활전의 여지를 거의 허락하지 않습니다.

바로 그렇기 때문에 지금, 세계 각국은 AI에 국가의 명운을 걸고 있습니다. 미국은 인공지능을 국가 안보와 직결된 전략 자산으로 정의하고, 중국은 AI 굴기崛起를 선언하며 기술 패권을 겨루고 있습니다. 유럽은 '규제의 리더십'을 앞세워 윤리적 AI 생태계를 구축하려 하고, 일본과 싱가포르는 인공지능 교육을 국가 교과과정에 편입했습니다. 이것은 단순한 산업 경쟁이 아닙니다. AI를 통해 미래의 창의와 혁신을 누가 선점할 것인가, 다음 세기의 부와 권력의 지도를 누가 그릴 것인가를 결정하는 필연적 경쟁입니다.

AI로 창의적으로, 혁신적으로 생존하라

AI는 새로운 황금알을 낳는 거위입니다. 그 거위는 한 번 손에 넣으면 끝없이 새로운 가치를 낳지만, 그 기회를 놓치면 다시는 얻기 어렵습니다. AI를 국가 전략의 핵심에 두는 것은 선택이 아니라 생존의 조건입니다. AI는 과거의 산업처럼 한정된 분야의 혁신이 아니라 모든 산업의 창의성과 효율성을 동시에 끌어올리는 '범용 혁신General Purpose Innovation'입니다. AI가 활성화된 사회에서는 제조업이

데이터 산업으로, 의료가 과학기술 기반의 서비스 산업으로, 문화 콘텐츠가 기술과 감성의 융합 산업으로 진화합니다. AI는 산업 간 경계를 허물며, 인간의 창의력을 기술로 증폭시키는 시대를 열고 있습니다. 결국 AI를 얼마나 '잘' 사용하는가가 국가의 창의력 총량을 결정짓는 기준이 될 것입니다.

이제 한국은 다시 한번 선택의 기로에 섰습니다. AI를 활용하는 나라가 될 것인가, 아니면 AI를 설계하고 수출하는 나라가 될 것인가. 후자의 길을 택하려면 지금부터 산업 전반에 걸친 AI 생태계의 설계와 제도적 뒷받침이 필요합니다. AI 인재 양성, 데이터 인프라 구축, 연구개발 투자, 법제 정비까지 이 모든 것이 함께 유기적으로 돌아갈 때 한국은 또 한 번의 기적을 써 내려갈 수 있습니다. AI는 우리에게 묻고 있습니다.

"기술을 도구로 사용할 것인가? 아니면 그 기술로 새로운 세상을 설계할 것인가?"

그 대답은 결국 우리가 창의와 혁신의 철학을 얼마나 진심으로 받아들이는가에 달려 있습니다.

미래의 부와 기회는 생각하는 인간의 것이다

4장

AI의 힘이 인간의 능력을 손쉽게 대체하는 시대에 사람과 기업은

깊은 사유와 자기 사랑 그리고 끊임없는 혁신을 통해 사고의 힘을 키워야 한다.

그래야 비로소 우리는 단순히 기술에 의존하는 존재가 아니라

스스로 생각하는 탁월한 존재, 즉 권력을 가진 자로 성장할 수 있다.

AI시대, 거북이도 승자가 될 수 있다

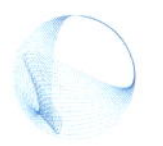

중국은 실리콘밸리가 아니라
AI의 미래를 만들고 있다.

—지안 왕Wang Jian

어릴 적 누구나 한 번쯤 이솝우화 『토끼와 거북이』를 읽어본 적 있습니다. 최고 시속 60킬로미터로 달릴 수 있는 토끼와 달리, 거북이의 속도는 고작 3킬로미터 남짓입니다. 그래서 그들의 대결은 시작 전부터 이미 결과가 정해진 싸움처럼 보입니다. 그러나 이야기는 예상과 전혀 다르게 전개됩니다. 경주 중 한참 앞질러 가던 토끼가 자만심에 잠시 눈을 붙이고 한숨 자는 사이, 거북이는 한 걸음 한 걸음 멈추지 않고 결승선을 향해 나아가 결국 승자가 됩니다.

이 단순한 동화 이야기를 지금 우리가 살아가는 현실에 겹쳐본다면 어떨까요? 오늘날 국제 질서에서 전개되는 창의와 혁신 경쟁이 현실판 토끼와 거북이의 경주라 해도 과언이 아닙니다. 세계 경제의 무대에서, 기술 패권 승자를 가리는 경주에서 그리고 인류의 미래를 결정짓는 창의와 혁신의 전장에서 토끼와 거북이의 이야기는 다시 쓰이고 있습니다.

혁신의 경쟁, 거북이 '중국'의 역습

2010년대 세계 혁신의 경쟁 무대에서 '토끼'의 자리를 차지한 국가는 단연 미국이었습니다. 스마트 기기와 음성 비서(예를 들어, 애플의 시리Siri, 아마존의 알렉사Alexa)는 일상의 방식을 바꾸었고, 우버·리프트는 운송 산업의 질서를 흔들었습니다. 넷플릭스·유튜브는 콘텐츠 소비 패턴을 완전히 뒤바꿨고, 클라우드·빅데이터·AI·전기차·정밀의학 등 거의 모든 첨단 분야에서 미국은 압도적인 존재감을 과시했습니다. 핀테크에서도 '벤모Venmo' 같은 간편결제 서비스와 블록체인 기반의 '이더리움Ethereum'이 등장하며 금융의 정의 자체를 다시 썼습니다. 이 시기에 미국은 명백히 전 세계 창의·혁신 경쟁의 '토끼'였습니다. 속도와 규모, 자본의 깊이에서 누구도 따라잡기 어려운 독주 체제였습니다.

한편 중국은 이 시기를 조용한 축적과 내공의 시간으로 삼았습니다. 겉으로는 느린 듯 보였지만, 내부에서는 체질을 뒤바꾸는 대수술이 진행되고 있었습니다. 과학·공학 분야가 내놓는 논문 수에서 미국을 추격하더니, 2020년대 들어서는 오히려 앞질렀습니다. 화학 분야는 3.5배, 물리학은 2.5배를 넘어섰고, 생명과학에서도 미국을 제치기 시작했습니다. 느린 '거북이'가 결국 앞서 나가기 위해 빠르게 나아가기 위한 피와 근육을 재구성한 셈입니다.

특허 출원 부문에서도 역시 마찬가지였습니다. 중국은 2011년 이후 줄곧 세계 최대 특허 출원 국가의 자리를 지켜 왔고, 2019년에는 전 세계 특허의 43.4퍼센트를 차지했습니다. 이제 거북이는 단순히 꾸준히 걷는 존재가 아니라 토끼의 심장을 이식받은 거북이, 즉 '하늘을 나는 거북이'로 진화했습니다.

거북이의 성장은 금융 투자 업계의 거목이 내놓은 시각에서도 확인할 수 있습니다. 미래에셋 박현주 회장은 한 언론 인터뷰에서 "중국은 첨단 기술과 제조업 전반에서 이미 글로벌 리딩 기업을 보유하게 됐다."라고 강조했습니다. 그의 발언은 더 이상 중국을 느려 빠진 거북이에 비유할 수 없음을 시사합니다. 오히려 우리는 냉정한 눈으로, 꾸준히 힘을 축적하며 도약을 준비하는 거북이의 진면목을 바라볼 필요가 있습니다.

21세기에 재현된 '스푸트니크 순간'

'하늘을 나는 거북이' 중국의 등장은 '토끼' 미국을 긴장시키기에 충분했습니다. 바로 그 긴장감은 1957년 소련의 인공위성 발사로 미국이 충격에 빠졌던 '스푸트니크 순간Sputnik Moment'의 재현이기도 합니다.

2022년, 미국은 고성능 반도체와 AI 칩을 포함한 첨단 기술의 대중 수출을 제한하며 중국의 AI 산업을 압박하기 시작했습니다. 당시 트럼프 행정부는 엔비디아 칩 수출을 금지했고, 이후 바이든 행정부에서는 그보다 더 강력한 수출 통제 조치를 시행했습니다. 하지만 '거북이'는 멈추지 않았습니다. 2025년 1월, 중국 스타트업 '딥시크DeepSeek'가 미국의 '오픈AIOpenAI'와 정면으로 맞서는 DeepSeek-R1 모델을 공개했습니다. 이 모델은 수학적 추론 영역에서 GPT-4에 근접한 성능을 보였고, 하드웨어가 아닌 소프트웨어 최적화 전략으로 미국의 기술 봉쇄를 우회했습니다. 개발비는 GPT-4의 100분의 1에 불과했지만, 결과는 놀라웠습니다. 발표 직후 엔비디아의 주가가 하루 만에 17~18퍼센트 급락할 정도로 시장 전체가 충격을 받았습니다.

이 사건은 단순한 기술 성과가 아니라 AI 산업의 중심이 하드웨어(H/W)에서 소프트웨어(S/W)로 이동하고 있음을 알리는 신호탄이었습니다. 전 세계 모든 뉴스는 이 사건을 두고 "중국의 스푸트니크 순간"이라 불렀습니다.

한국은 이 경쟁에서 어떻게 생존할 것인가

한때 품질 나쁜 상품을 가리키는 말로 조롱받던 '메이드 인 차이나 Made in China'는 이제 완전히 다른 의미를 지닙니다. '아너 Honor', '오포 Oppo', '화웨이 Huawei' 같은 스마트폰 기업 브랜드는 삼성의 최신 폴더블폰보다 더 얇고 가볍고, 더 혁신적인 디자인을 선보이고 있습니다. 또 글로벌 로봇 시장의 60퍼센트를 점유한 중국 로보틱스 산업, 일본의 고급 TV 시장을 잠식하기 시작한 '하이센스 Hisense', 'TCL', '샤오미 Xiaomi' 등은 더 이상 가성비 브랜드가 아닙니다.

세계 혁신 경쟁에서 이제 '거북이는 느리다'는 편견은 틀린 말이 되었습니다. 그들은 '토끼'의 심장을 이식받고, 꾸준함 위에 창의와 속도를 더했습니다. 미국이 취한 반도체 수출 통제, AI 규제, 기술 봉쇄 시도는 '거북이' 중국의 성장 속도가 그만큼 빠르다는 반증입니다.

오늘날의 창의와 혁신 경쟁은 더 이상 단순한 토끼와 거북이의 경주가 아닙니다. 이제는 '노련해진 토끼'와 '토끼의 심장을 장착한 거북이'의 맞대결입니다. 이 경주의 승자는 향후 수십 년간 세계 질서를 주도할 절대 강자로 남게 될 것입니다.

문제는, 우리 한국이 지금 어디에 서 있는가입니다. 한국은 창의와 기술력 모두에서 세계 상위권에 속하지만, 거대한 토끼와 거북이와 맞서는 경쟁에서 주도권을 쥐고 있지는 않습니다. 토끼의 속도에 휘둘리거나 거북이의 체력에 놀라기만 한다면 우리는 결국 관중석에 머무를 수밖에 없습니다. 다시 말해, 창의와 혁신의 독자적 서사를 쓰지 못한다면 미래의 무대에서 박수를 보내는 역할로 끝날 가능성이 큽니다.

지금 필요한 것은 속도 경쟁이 아니라 '방향의 재정의'입니다. 우리는 토끼처럼 빠르게 달릴 수는 없을지라도, 거북이처럼 멈추지 않는 꾸준함에 한국만의 창의적인 DNA를 결합해야 합니다. 이 경주의 진짜 승자는 가장 빠른 자가 아니라 끝까지 멈추지 않고 진화하는 자일 것입니다.

그렇다면 이 치열한 경쟁 속에서 우리는 어떤 선택을 할 수 있을까요? 한국의 전략, 한국의 기술, 한국의 창의와 혁신을 이끌어 내지 못한다면, 머지 않은 미래에 그저 관중석에서 박수를 치는 것 외에 할 수 있는 일이 많지 않을지도 모릅니다.

시대의
'린치핀'으로 살아가기

4차 산업혁명은 단순한 기술 변화가 아닙니다. 그것은 곧 '직업의 위기', 나아가 '존재의 위기'로 이어질 수 있습니다. 조직 안에서 언제든 대체 가능한 부품으로 남을 것인가, 아니면 없어서는 안 되는 존재인 '린치핀linchpin'으로 자리 잡을 것인가는 결국 우리가 지금 당장 어떤 시간을 축적하며, 어떤 생각을 이어갈 것인가에 달려 있습니다.

산업혁명의 역사를 돌이켜보면 기술의 발전은 언제나 노동의 지형을 바꿔놓았습니다. 1차 산업혁명은 인간의 팔과 다리를 대체했습니다. 수공업 방직공, 마부, 운송 인력, 농민들은 기계와 증기기관 앞에서 일자리를 잃었습니다. 그들의 정교한 손기술은 값싼 노동력으로 대체되었고, 사람들은 한순간에 쓸모없는 존재로 전락했습니다. 19세기 후반의 2차 산업혁명은 인간의 손을 넘어 숙련의 영역을 기계화했습니다. 장인과 숙련공의 노하우는 조립 라인과 대량 생산 시스템 앞에서 무력해졌고, '한 사람의 기술'은 더 이상 산업 현장에서 필수적인 자산이 아니게 되었습니다.

20세기 후반의 3차 산업혁명, 즉 컴퓨터와 인터넷의 시대가 오자 변화는 한층 가속화되었습니다. 은행 창구 직원은 온라인 뱅킹과 ATM으로 대체되었고, 공장의 단순 노동자는 산업용 로봇에게 자리를 내주었습니다. 이처럼 산업혁명의 역사는 늘 새로운 기술이 새로운 일자리를 만들고, 다시 그 일자리를 다음 기술이 지워버리는 '창조와 소멸의 순환'이었습니다.

'화이트칼라'의 위기가 시작됐다

그렇다면 4차 산업혁명은 이전의 혁명들과 무엇이 다를까요? 앞선 세 번의 산업혁명에서 사라진 직업은 주로 단순하고 반복적인 업무였습니다. 그러나 이번에는 다릅니다. 한때 안정적이라 여겨졌던 사무직, 전문가 영역마저 AI의 영향권 안으로 들어왔기 때문입니다. AI 앵커가 뉴스를 진행하고, AI 텔러가 은행 창구를 대신합니다. 콜센터의 상담원은 챗봇으로 대체되고, 언론사에서는 AI 기자가 기사를 씁니다.

서비스업 또한 예외가 아닙니다. 자율주행이 상용화되면 택시 기사와 트럭 운전사는 사라질 직업이 될 것입니다. 우리나라에만 약 30만 명의 택시 기사, 45만 명의 트럭 운전사가 존재한다는 점을 감안하면 그 파급력은 상상을 넘어섭니다. 더욱 놀라운 사실은 AI가 이제 개발자조차 대체하기 시작했다는 점입니다. 미국의 빅테크 기업들은 이미 일부 프로그래머를 해고하고, AI 코딩 툴을 개발의 중심에 세우고 있습니다. 의료 분야에서는 AI가 암 판독 정확도에서 인간 의사를 능가하고, 중국의 제조 현장에는 스스로 판단하는 '생각하는 로봇'이 투입되고 있습니다. 복잡한 판단이 필요한 일조차 더 이상 인간의 전유물이 아닙니다.

이제 그 어떤 직업도, 어떤 조직도 절대적인 안전지대를 보장받지 못하는 시대가 도래했습니다. 기술이 인간의 노동을 대체하는 시대에서, 이제는 인간의 사고방식마저 대체하는 시대로 진입하고 있는 것입니다.

기술 혁명 너머
사유 혁명의 시작

그렇다면 우리는 어떻게 이 시대를 건너야 할까요? 어떤 직업이 안전하고, 어떤 사람이 살아남을까요? 과거의 경험은 분명히 대답

해 줍니다. 복잡한 일도 숙련이 필요한 일도 결국 기술에 의해 대체
되었습니다. 그렇다면 기술이 대체할 수 없는 것은 무엇일까요? 바
로 '사유思惟', 즉 생각하는 능력입니다.

최근 한 보고서는 "AI 시대에는 전문가가 아니라 생각하는 사람
이 살아남는다"라는 결론을 내렸습니다. 이는 단순한 수사가 아닙
니다. 이제 지식은 AI가 더 빨리, 더 많이 습득합니다. 그러나 맥락
을 해석하고 의미를 연결하는 능력은 여전히 인간의 고유한 영역입
니다. 로댕의 조각 작품 「생각하는 사람The Thinker」이 상징하듯, 인간
의 본질은 '일하는 존재'가 아니라 '생각하는 존재'입니다. 기계는 데
이터를 계산하지만, 인간은 의미를 숙성시킵니다. 이 차이가 바로
인간의 존엄이며, 미래 사회에서의 경쟁력입니다.

4차 산업혁명은 결국 '기술의 혁명'이 아니라 '사유의 혁명'을 요
구하고 있습니다. 무엇을 아는가보다 어떻게 생각하는가를 평가하
고, 또 전문 기술보다 통찰과 상상력, 지식의 양보다 맥락을 재해석
하는 능력이 중요해집니다. 앞으로의 세계에서는 기술을 다루는 사
람이 아니라 '기술을 다시 생각할 줄 아는 사람'이 부와 권력을 쥐
게 될 것입니다.

지금 우리에게 필요한 것은 빠른 실행보다 '깊은 사유', 기계적 효
율보다 '인간적 통찰'입니다.

린치핀이란 마차의 바퀴를 축에 고정시키는 작은 핀을 말합니다. 눈에 잘 띄지 않지만, 그것이 빠지는 순간 바퀴는 이탈하고 시스템 전체가 무너집니다. 4차 산업혁명 시대에 살아남는 사람은 바로 이 린치핀입니다. 린치핀은 조직의 일원이 아니라 조직을 움직이는 원동력입니다. 그는 시키는 일을 잘하는 사람이 아니라 아무도 시키지 않아도 새로운 길을 만들어내는 사람, 즉, 창의와 혁신의 출발점이 되는 사람입니다.

AI가 인간의 기능을 대체할수록 '대체 불가능한 인간'의 가치는 더욱 빛날 것입니다. 그것은 더 많은 스펙이나 기술 자격증이 아니라 생각하는 능력과 문제를 새롭게 정의하는 창의성에서 비롯됩니다. 시대는 지금 우리에게 묻습니다.

"당신은 톱니바퀴로 남을 것인가, 아니면 세상을 움직이는 린치핀이 될 것인가?"

이 질문에 대한 답은 기술이 아니라 사유의 깊이에서 시작됩니다.

남다름은
자기 경영에서 비롯된다

최초이자 최고의 승리는
자기 자신부터 정복하는 일이다.

-플라톤

우리는 종종 자기 관리가 잘 되지 않는 사람들을 봅니다. 시간에 쫓기고, 감정에 휘둘리며, 일의 우선순위를 정하지 못해 허둥대는 사람들입니다. 그럴 때면 문득 이런 질문이 떠오릅니다.

"자기 관리와 창의·혁신은 어떤 관계에 있는가?"

앞서 여러 차례 이야기했듯, 창의와 혁신의 출발점은 결국 '인간을 사랑하는 마음'입니다. 그렇다면 자기 관리는 어디서 시작될까요? 결국 그 또한 자기 자신을 사랑하는 마음, 즉 '자기애Self-love'에서 비롯됩니다.

인간을 향한 마음이 기본이다

자기 관리Self-management란 단순히 계획적으로 살거나 규칙적으로 운동하는 것을 뜻하지 않습니다. 자신의 생활 습관·감정·시간·목표를 스스로 인식하고 통제하는 능력, 더 나아가 자신을 하나의 소중한 존재로 대우하는 태도를 의미합니다. 이 자기 인식의 중심에는 언제나 자기애가 있습니다. 결점을 포함한 자신을 긍정하고, 스스로에게 따뜻한 시선을 보낼 수 있는 사람만이 꾸준히 배우고, 성장하고, 자신을 다듬을 수 있습니다.

자기 관리가 곧 창의와 혁신의 토대라는 말은 결코 비유가 아닙니다. 인간에 대한 사랑이 세상을 바꾸는 창의의 원천이라면, 자신에 대한 사랑은 그 사랑을 지속하게 만드는 연료입니다. 그래서 자기 관리가 되지 않는 사람을 보면, 문득 이런 생각이 듭니다. "저 사람은 혹시 자기 자신을 사랑하지 못하는 것은 아닐까?" 자신을 아끼지 못하는 사람이 타인을 진정으로 사랑할 수 있을지 생각해봅시다. 스스로를 존중하지 못하는 사람이 세상을 더 나은 방향으로 바꿀 수 있을지도 생각해봅시다. 창의와 혁신은 결국 '인간을 위한 변화'입니다. 그런데 자기 자신조차 소중히 여기지 못한다면, 그 변화는 오래가지 못합니다.

주변의 한 지인이 조언을 구해 온 적 있습니다. 취업을 준비하는 딸이 연이어 낙방하고, 의욕도 자신감도 잃었다는 이야기였습니다. 그에게 무엇이 문제인 것 같은지 묻자, "딸이 자신감이 없고 체격이 조금 있다."라고 말했습니다. 그 대답에 잠시 생각하다 이렇게 조언해주었습니다. "딸에게 지금 필요한 것은 스펙이 아니라 자기애의 회복이에요. 취업 준비보다 먼저 자기 관리부터 시작하게 하세요."

기업이든, 개인이든 결국 그 중심에는 '사람'이 있습니다. 영리 기업이 고객을, 비영리 조직이 구성원을 향하듯 모든 활동의 본질은 결국 타인에 대한 사랑입니다. 그리고 그 사랑의 시작은 자기 자신을 존중하는 마음에서 비롯됩니다. 그래서 그 지인에게 이렇게 덧붙여 권했습니다. "운동부터 시작하게 하세요. 몸이 달라지면 마음이 달라지고, 마음이 달라지면 생각이 달라질 겁니다."

몸이 깨어날 때 마음도 깨어난다

한 유명 코칭 전문가가 말했습니다. "무엇을 해야 할지 모르겠다면 일단 운동하라. 그러면 세상의 틈이 보일 것이다." 이 말은 단순히 육체를 단련하라는 조언이 아닙니다. 운동은 자기애를 회복하는 가장 직접적인 방법이며, 몸을 돌보는 행위는 곧 자기 존재를 존중하는 의식의 표현입니다. 몸이 깨어날 때 생각이 정돈되고, 생각이 맑아질 때 세상의 구조가 눈에 들어옵니다. 결국 자기애라는 배터리가 충전되면 타인을 사랑할 수 있는 에너지 또한 자연스럽게 흘러나옵니다.

지금 우리는 '지식의 시대'를 넘어 '자기 관리의 시대'에 살고 있습니다. 지식이 넘치는 시대일수록 자신을 관리하지 못하는 사람은 더 쉽게 길을 잃습니다. '문무쌍전文武雙全'이라는 말이 있습니다. 지혜(文)와 체력(武), 즉 생각하는 능력과 실천하는 힘이 균형을 이루어야 비로소 완전한 인간이 된다는 뜻입니다. 불교의 '신심일여身心一如' 역시 같은 의미입니다. 몸과 마음이 조화를 이룰 때, 인간은 비로소 중심을 잃지 않습니다.

4차 산업혁명 시대에 없어서는 안 될 '린치핀'으로 성장하기 위해서도, 이 균형은 아무리 강조해도 지나치지 않습니다. 몸을 관리하는 일은 단순한 건강 습관이 아니라 창의와 혁신의 체질을 만드는 일입니다.

창의는 기술이 아닌 시선에 달렸다

창의력은 일부 타고난 재능의 영향을 받을 수 있습니다. 그러나 많은 사람이 다양한 현장 경험과 학습 등을 통해 타고난 재능을 넘어설 수 있다는 사실을 보여 주고 있습니다. 창의력은 길러질 수 있는 능력이며, 그 향상의 비밀은 훈련과 습관 그리고 끊임없는 질문에서 비롯됩니다. 창의력을 어렵게 생각할 필요가 없습니다. 창의는 결코 특별한 천재의 전유물이 아닙니다. 누구나 창의의 주인공이 될 수 있습니다.

예를 들어, 최근 사회 문제로 떠오른 고령 운전자의 교통사고를 떠올려 봅시다. 이 문제를 바라볼 때 단순히 '통계'로 보는 사람은 행정가에 머물지만, '누군가의 아버지와 어머니를 지키고 싶다'는 마음에서 해결책을 찾는 사람은 창의가 있는 사람입니다. 그 마음에서 출발한 아이디어를 현실화한 것이 혁신입니다. 결국 사랑이 행동으로 바뀌는 순간, 창의는 혁신으로 진화합니다.

창의는 거대한 기술 연구소에서만 일어나는 일이 아닙니다. 무릎 부상을 걱정하는 러너를 위한 새로운 보호대, 요리 초보자를 다치지 않게 돕는 안전한 주방칼… 이 모든 것이 창의의 결과물입니다. 보호대를 더 작고 가볍게 만들어 착용감을 높이는 것도 창의이며, 디자인을 달리하는 것도 창의입니다. 더 나아가 보호대가 없어도 부상을 방지할 방법을 찾는다면 그것은 한 단계 높은 차원의 창의입니다.

창의는 기술의 문제가 아니라 시선의 문제입니다. 무엇을 새롭게 보는가, 어디에 사랑과 관심을 두는가에서 시작됩니다.

세상의 당연함을 의심하라

창의의 본질은 의심하는 호기심입니다. 우리가 '당연하다'고 믿는 것을 한 번 더 바라보는 순간, 새로운 가능성이 열립니다. 과학사에는 그런 전환의 순간이 늘 있었습니다. 고대 사람들은 지구가 평평하다고 믿었지만 피타고라스, 아리스토텔레스, 에라토스테네스 같은 이들이 믿음(즉 귀무가설歸無假說)을 의심했기에 우리는 지구가 둥글다는 사실을 알게 되었습니다. '말이 마차를 끈다'는 상식을 뒤집었기에 자동차가 등장했고, '하늘을 나는 건 새뿐이다'라는 생각을 부정했기에 비행기가 탄생했습니다.

기존의 가설을 의심하고 새로운 가설(대립가설)을 세운 사람들이 결국 세상의 부와 권력을 얻었습니다. 귀무가설과 대립가설은 논문 쓰는 사람만의 언어가 아닙니다. 그것은 창의적으로 살아가기 위한 인간의 사고 습관입니다. 세상의 당연함을 의심할 때 우리는 비로소 새로움을 만들어 낼 수 있습니다.

창의는 결코 어렵지 않습니다. 오히려 창의를 멀리 두고 어렵게 생각하는 것이 문제입니다. 창의는 우리의 일상 속에 있고, 매일의 선택과 작은 불편 속에서 싹틉니다. 특히 직업의 위기가 일상이 된 지금, 창의력을 키우는 일은 생존의 문제이자 자기 보호의 수단입니다.

창의력은 수많은 시도와 실패의 함수입니다. 실패를 두려워하지 않는 용기, 그 속에서 배우고 다시 시도하는 힘이야말로 진짜 창의의 근육입니다. 창의와 혁신은 거대한 기술이 아니라 자기 자신을 사랑하고 관리하는 일상에서 시작됩니다. 몸을 돌보는 행위가 사고의 깊이를 넓히고, 생각하는 힘이 삶의 방향을 바꿉니다. 결국 창의와 혁신은 자신을 존중하는 마음의 또 다른 이름인 것입니다.

결국
당신만의 생각이 전부다

정보화 시대의 권력은 돈이나 무력이 아니라
'정보'에서 나온다.

-앨빈 토플러

요즘 디지털 단지나 신도시를 설계할 때 사람들 사이의 교류와 공유를 위한 공간을 의도적으로 반영하는 사례가 늘어나고 있습니다. 길목 곳곳에 작은 라운지와 카페를 두거나 다른 직군의 사람들이 자연스럽게 섞일 수 있는 공용 공간을 설계하는 식입니다. 우연한 만남과 대화를 통해 협업이 촉진되고, 이 과정에서 새로운 아이디어가 탄생할 수 있다는 믿음이 공간 속에 스며들어 있는 것입니다.

실제로 자신과 전혀 다른 분야에서 일하는 사람을 만나 이야기를 나누다 보면 문득 기발한 생각이 떠오를 때가 있습니다. 이런 하이브리드식 교류는 생각과 생각이 섞이는 촉매가 되고, 그 결과 한층 더 창의적인 삶을 가능하게 합니다.

'새로움'은 우리 주변에 있다

그렇다면 지금 당장 "나는 누구를 만나고 있는가?"라는 질문을 스스로 던져 보아야 합니다. 늘 보던 사람, 익숙한 관계 속에만 머무르지 말고, 만남의 구성을 의도적으로 바꾸는 것입니다. 예상치 못한 행운과 통찰은 대개 타인에게서 찾아옵니다.

핀테크도 마찬가지입니다. 핀테크는 어느 날 갑자기 창조된 개념이라기보다 금융과 IT라는 이질적인 업종이 결합한 하이브리드의 결과물입니다. 이 결합은 전통적인 은행의 한계를 뛰어넘어 생활 속에 스며든 금융, 더 빠르고 편리한 거래 경험을 만들었습니다. 상거래와 인터넷의 만남이 이커머스를 탄생시켰듯, 청소기 모터 기술과 헤어 뷰티 산업의 결합은 다이슨의 '슈퍼소닉' 헤어드라이어라는 혁신 제품으로 이어졌습니다.

하이브리드식 만남과 하이브리드식 사고는 창의성을 깨우는 강력한 수단입니다. 평소에 자주 만나는 사람들뿐 아니라 엉뚱한 생각을 하고, 다른 문제의식을 가진 이들과 교감하는 것이 필요합니다. 혁신은 결코 멀리 있지 않습니다. 다만 우리 눈앞에 있거나 바로 옆에서 귓속말 하고 있음에도, 그저 외면하고 지나치고 있는 것은 아닌지 돌아볼 필요가 있습니다.

창의를 꺼내는 가장 쉬운 도구, SCAMPER

'스캠퍼SCAMPER'(대체Substitute, 결합Combine, 응용Adapt, 변형/확대Modify/Magnify, 다른 용도Put to another use, 제거Eliminate, 역전/재배열Reverse/Rearrange)는 창의와 혁신에 가장 쉽게 접근할 수 있게 해 주는 사고 훈련법입니다. 방법은 간단합니다. 어떤 제품이나 서비스 혹은 하나의 문제 상황을 대상으로, 다음의 일곱 가지 질문을 차례대로 던져 보는 것입니다.

1. Substitute(대체): 무엇을 다른 것으로 바꿀 수 있는가?

2. Combine(결합): 무엇과 무엇을 결합할 수 있는가?

3. Adapt(응용): 다른 해결책을 이 대상에 적용할 수 있는가?

4. Modify/Magnify(변형/확대): 크기·색·형태·기능을 바꾸거나 확장할 수 있는가?

5. Put to another use(다른 용도): 다른 용도로 쓸 수 있는 가능성은 없는가?

6. Eliminate(제거): 없애도 되는 요소는 무엇인가?

7. Reverse/Rearrange(역전/재배열): 순서나 구조를 뒤집으면 어떤 일이 벌어지는가?

일곱 가지 렌즈로 한 가지 대상만 천천히 들여다보아도 적어도 일곱 개의 새로운 아이디어가 나올 수 있습니다. 그중 비용 효율성이 높고 실현 가능성이 있는 아이디어만 골라 발전시킨다면 그 자체가 혁신의 씨앗이 됩니다. 기억하십시오. 창의와 혁신은 소수의 천재에게만 허락된 영역이 아닙니다. 작은 질문을 훈련처럼 반복하는 것이 누구나 할 수 있는 창의의 출발점입니다.

자, 그럼 직접 활용해볼 수 있는 스캠퍼 훈련 워크시트를 살펴보고, 해결해야 할 과제나 개선해야 할 대상에 대해 질문을 던지고 창의적인 답을 써보도록 합시다.

표 3 | 스캠퍼 훈련 워크시트

단계	질문	창의 (질문에 대한 답)	예시
Substitute(대체)	무엇을 다른 것으로 바꿀 수 있는가?		플라스틱 빨대를 종이 빨대로 변경
Combine(결합)	무엇과 무엇을 결합할 수 있는가?		모바일과 커머스 결합
Adapt(응용)	다른 해결책을 이 대상에 적용할 수 있는가?		우주 산업을 민간 기업(부문)에 활용
Modify/Maginify (변형/확대)	크기·색·형태·기능을 바꾸거나 확장할 수 있는가?		왕뚜껑 사발면(컵라면 크기를 키움)
Put to another use (다른 용도)	다른 용도로 쓸 수 있는 가능성은 없는가?		폐현수막으로 만든 에코백
Eliminate(제거)	없애도 되는 요소는 무엇인가?		설탕/알코올 제로 음료
Reverse/Rearrange (역전/재배열)	순서나 구조를 뒤집으면 어떤 일이 벌어지는가?		패스트푸드 내 키오스크 도입

　요즘 사회적 화두인 다이어트만 놓고 봐도 마찬가지입니다. 스캠퍼 관점에서 접근해 본다면 수천수만 가지의 새로운 다이어트 방식이 나올 수 있을 것입니다. 사회 전체가 관심을 갖는 거대한 시장일수록 그 안에 '빅이슈'의 가능성도 숨어 있습니다. 유튜브에는 다이어트에 효과적이라고 주장하는 수많은 영상이 넘쳐납니다. 상세히 들여다보면 공통점이 눈에 띕니다. 운동을 오래 하지 않아도 되고, 식단을 과하게 조절하지 않아도 되며, "이 방법만 따라 하면 살이 빠진다."라는 메시지가 주로 반복되는 것을 알 수 있습니다. 사실 여부와 관계없이 최소한의 노력으로 최대의 효과를 얻을 수 있다는 발상 자체는 분명 창의적입니다. 그러나 대부분의 경우 원하는 결과를 얻지 못합니다. 아이디어는 흥미롭지만, 실제로 세상을 바꾸는 수준에는 도달하지 못했기 때문입니다.

　여기서 우리는 중요한 차이를 확인할 수 있습니다. 창의는 새로운 생각을 떠올리는 능력이며, 혁신은 그 생각을 현실에 구현해 실제 변화를 만들어 내는 과정이라는 것입니다. 다이어트 시장에 이 두 갖를 모두 갖춘 기업이 나타났습니다. 바로 비만 치료제 분야의 선두주자인 '노보 노디스크Novo Nordisk'입니다. 이 회사는 간단한 주사 한 방으로 체중 감량을 돕는 치료제를 선보이며 세계 시장을 질주하고 있습니다. 아이디어(창의)를 실제 제품(혁신)으로 연결해 사람들의 행동과 삶을 실제로 바꾸어 놓았기 때문입니다.

　여기서 한 걸음 더 나아가, 스캠퍼의 일곱 가지 중 '대체'와 '결합'의 질문만 떠올려도 얼마나 다양한 가능성이 열릴 수 있는지 상상해 볼 수 있습니다. 예를 들어 주사제를 먹기 편한 알약으로 대체할 수 있다면 주사 공포증이 있는 사람도 부담 없이 사용할 수 있고, 고객층은 대폭 확대될 것입니다. 혹은 이 치료제를 비타민과 결합한 종합 영양제 형태로 만들 수 있다면 사람들은 한 알의 약으로 비타민 보충과 체중 관리 효과를 동시에 누릴 수 있을 것입니다.

단지 사고의 방향을 조금만 바꾸어도 창의의 스펙트럼은 끝없이 확장됩니다. 결국 중요한 것은 창의와 혁신이 결코 거창하거나 어려운 것이 아니라는 사실을 받아들이는 일입니다. 내 안의 두려움과 선입견을 내려놓는 순간, 우리가 보내는 하루하루의 풍경이 달라집니다.

정보의 시대에서 생각의 시대로

저명한 미래학자 앨빈 토플러Alvin Toffler 는 『권력 이동Powershift』에서 "정보화 시대의 권력은 돈이나 무력이 아니라 '정보'에서 나온다."라고 말했습니다. 그러나 AI시대에는 또 한 번의 권력 이동이 일어나고 있습니다. 이제 권력의 무게 중심은 정보 그 자체에서 정보를 해석하고 재구성하는 '생각하는 힘'으로 옮겨 가고 있습니다.

정보를 많이 가진 사람이 아니라 정보를 어떻게 연결하고 질문하는가에 따라 주도권이 달라지는 시대가 열린 것입니다. 생각하는 힘은 타고나는 재능이 아닙니다. 독서, 경험, 사색, 타인과의 대화와 같은 반복적 훈련을 통해 충분히 길러질 수 있는 능력입니다. 하지만 이 힘의 핵심에는 반드시 사람에 대한 이해와 사랑이 있어야 합니다.

정보화 시대에는 교육과 정보가 중요했다면 AI시대에는 그 지식 위에 공감 능력과 인간에 대한 이해가 더해져야 합니다. 앞으로의 100년을 영광스럽게 만들기 위해서는 AI 기술과 인프라에 대한 투자뿐 아니라 사람을 이해하려는 노력이 반드시 병행되어야 합니다. 그것이 바로 창의와 혁신의 시대를 살아남는 길이며, 생각하는 사람들의 전성기가 도래하는 이유입니다.

다시 기본으로, 인문학을 주목하라

사람을 깊이 이해하는 일은 쉽지 않습니다. 당장 눈앞의 돈벌이에 도움이 되지 않고, 많은 시간과 노력을 요구하며, 개인의 힘만으로는 한계가 분명히 존재하기 때문입니다. 이 때문에 대학에서조차 인문학이 홀대받고, 인문학의 위기가 우리 사회의 문제로 대두되고 있습니다.

그러나 창의와 혁신에서 세계 최고 수준을 자랑하는 미국을 보면, 이 생각은 쉽게 흔들립니다. 하버드대학교, 예일대학교, 프린스턴대학교 등 인문학의 본산이라 불리는 대학들이 대부분 미국에 자리한다는 사실은 오늘의 미국을 만든 힘이 어디에서 비롯되었는지 다시 묻게 합니다. 인문학의 발전은 사람에 대한 이해의 폭과 깊이를 확장시킵니다. 그리고 그 이해가 바로 창의와 혁신을 점화하는 불쏘시개 역할을 합니다. 인문학을 가볍게 여겨서는 안 되는 이유가 여기에 있습니다.

해외의 유수 기업들도 인문학을 창의와 혁신의 핵심 동력으로 인식하고 있습니다. 스티브 잡스는 "애플은 기술과 인문학의 교차점에 서 있다."라고 말했습니다. 애플은 순수한 기술 위에 인문학적 디자인 감각과 인간 경험을 결합해 혁신을 완성했습니다. 아이폰은 단순한 전화기가 아니라 인간의 소통 방식과 행동 양식 자체를 바꿔 놓은 도구입니다. 기술과 사람에 대한 깊은 이해가 만나 탄생한 창의와 혁신의 결정체라 할 수 있습니다.

인문학은 '사람이 그리는 무늬'를 읽는 학문입니다. 그 깊이가 곧 '사람 냄새'의 수준을 결정합니다. 한국 기업들이 사람 냄새 나는 제품으로 세계 시장에서 사랑받기 위해서는 인문학을 사회 전반의 인프라로 인식하고 육성해야 합니다. 사람에 대한 이해가 스며든 제품은 사람을 이롭게 하고, 삶의 결을 바꿉니다. 그런 제품이야말로 창의로 가득 찬 혁신의 결과물입니다.

물론 인문학이 당장 돈이 되지 않고, 실용적이지 않다고 생각하는 이들도 많습니다. 그러나 수학이나 물리학이 학생들의 관심 저하에도 불구하고 여전히 기초과학으로서 중요한 것처럼, 인문학 역시 한 나라가 세계 일류로 도약하기 위해 반드시 필요한 기초 학문으로 자리 잡아야 합니다. 사람을 이해하는 공부, 인문학은 창의의 씨앗이 됩니다.

"우물에서 누룽지를 찾을 수 없다."라는 말이 있습니다. 급할수록 기본으로 돌아가야 한다는 뜻입니다. 교육이 백년지대계百年之大計이듯, 창의와 혁신 또한 백년지대계의 시각에서 접근해야 합니다. 창의와 혁신이 넘치는 세상을 만들기 위해서는 사회 전반의 시스템, 인문학의 번성, 개인의 꾸준한 노력이 조화를 이루어야 합니다.

창의·혁신·성장의 사이클을 멈추지 마라

우리나라 최고의 지급결제 기관에서 일하며 쌓아 온 경험을 바탕으로, 과학기술 발전의 흐름 속에서 성장Growth을 위한 창의·혁신이라는 주제를 오랫동안 사유해 왔습니다. 이 책을 쓰게 된 계기는 단 하나의 소망이었습니다. 우리 사회가 인간의 가치를 중심으로 한 지속 가능한 발전을 이루는 데 티끌만큼이라도 보탬이 되고 싶다는 마음이었습니다.

또 하나의 바람이 있다면, 급변하는 기술 환경 속에서 일자리 위기의 시대를 살아가는 젊은 세대가 이 위기를 단순한 두려움으로 받아들이지 않고, 오히려 '생각의 기회'와 '창의의 시간'으로 전환하기를 바라는 것입니다. 인간의 사고와 상상력은 위기 속에서 가장 강력하게 깨어나기 때문입니다.

창의와 혁신, 성장은 하나의 생명체

사실 창의와 혁신, 성장은 따로 존재하는 개념이 아닙니다. 이 세 가지는 마치 한 생명체의 심장·혈관·호흡처럼 유기적으로 연결되어 있습니다. 하나가 멈추면 다른 두 가지도 살아 움직일 수 없습니다.

창의는 인간의 사유와 상상에서 피어나는 새로운 생각이자, 사회구성원을 이롭게 하려는 정신적 씨앗입니다. 혁신은 그 씨앗을 현실 속에서 구체화하고 실현시키는 기술적 과정입니다. 성장은 그렇게 탄생한 혁신이 사회구성원에게 전달되어 인간의 삶을 풍요롭게 바꾸는 결과입니다. 즉 창의가 혁신을 낳고, 혁신이 성장을 이끌며, 성장은 다시 새로운 창의를 자극하는 선순환 구조를 이룰 때, 비로소 문명은 살아 있는 유기체처럼 진화합니다.

이 선순환의 핵심에는 언제나 하나의 단어가 있습니다. 바로 '결합Combination'입니다. 창의와 기술은 어떻게 결합하는가에 따라 전혀 다른 결과를 낳습니다. 선한 방향으로 결합하면 인류를 이롭게 하는 혁신이 되지만, 잘못된 방향으로 결합할 경우 핵무기처럼 문명을 위협하는 결과로 변할 수도 있습니다.

AI와 유전자 편집 기술, 로봇과 생명공학이 만나 새로운 가능성을 열고 있지만, 그만큼 인간의 가치와 윤리적 방향성을 점검해야 하는 이유도 여기에 있습니다. 기술은 중립적이지만, 그 기술을 사용하는 인간의 의도는 결코 중립적이지 않습니다. 따라서 진정한 혁신은 '선한 창의'와 '책임 있는 기술'의 결합 위에서만 완성됩니다. 그러한 결합이 사람을 이롭게 하고, 사회를 지속 가능한 방향으로 이끌 때 비로소 우리는 '진짜 혁신'이라고 부를 수 있습니다.

인간 중심의 가치가 성장의 뿌리다

창의와 혁신이 올바르게 작동할 때 그 결과는 언제나 인간 중심에 둔 가치를 만들어 냅니다. 가치를 사회 곳곳으로 전달하는 주체는 정부와 기업 그리고 각 조직입니다. 이들이 인간 중심의 가치를 실현할 때, 비로소 달콤한 성장의 열매가 열립니다. 그리고 이 열매는 한 세대의 번영을 넘어, 다음 세대의 희망을 이어 주는 씨앗이 됩니다. 인간 중심의 성장은 단순한 경제 지표의 상승이 아니라 사회 전체의 지속 가능성을 높이고, 모든 구성원이 더 행복한 삶을 누릴 수 있게 하는 근본 동력입니다.

결국 창의, 혁신, 성장은 인간을 이롭게 하는 가치를 생산하기 위한 하나의 순환 체계입니다. 창의는 혁신으로 이어지고, 혁신은 성장을 낳으며, 그 성장은 다시 창의를 자극합니다. 이 선순환이 끊기지 않고 이어질 때, 사회는 외형적 발전을 넘어 내면의 성숙을 이룹니다. 그것이 바로 지속 가능한 성장의 길이며, 기술이 인간의 삶을 진정으로 풍요롭게 만드는 길입니다.

21세기에 대한민국이 다시 도약하기 위해 필요한 것은 더 빠른 기술도, 더 많은 자본도 아닙니다. 그보다 중요한 것은 '인간 중심의 창의와 혁신 철학'입니다. 우리가 기술보다 인간을 먼저 생각할 때, 성장은 단순한 숫자가 아니라 삶의 질적 도약이 됩니다. 그리고 그 도약의 중심에는 언제나 생각하는 사람, 즉 세상의 본질을 탐구하고 선한 방향으로 변화를 이끄는 창의적 인간Creative Human이 있습니다. 이제 우리의 과제는 분명합니다. 창의로 생각하고, 혁신으로 행동하며, 성장을 사람과 나누는 일. 이 선순환의 길 위에서 대한민국의 새로운 미래가 열릴 것입니다.

사이클은
시도, 실패, 반복되어야 한다

'창의-혁신-성장의 사이클'은 결코 단발적인 과정이 아닙니다. 이 순환은 마치 악보 위의 도돌이표와 같은 속성을 지니고 있습니다. 도돌이표가 연주자를 다시 처음으로 이끌어 같은 선율을 반복하면서도 한 번 더 섬세하게, 한층 더 완성도 높게 연주하게 하듯

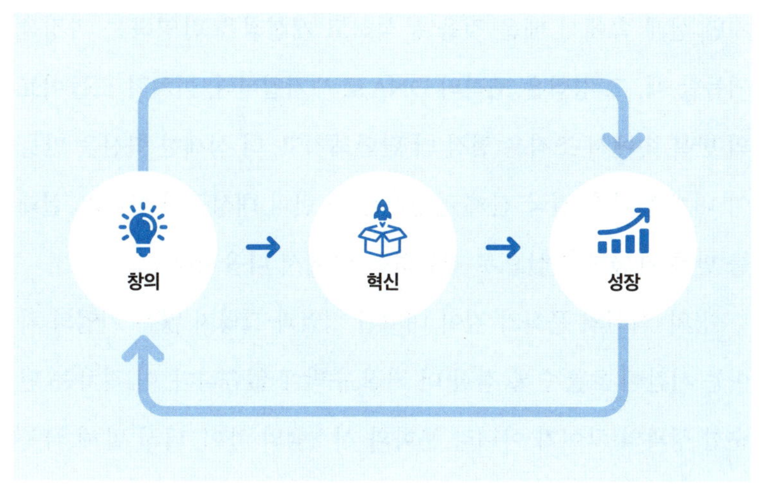

창의-혁신-성장의 사이클도 반복될수록 더 정교하고 강력한 구조로 진화합니다.

성장의 달콤함은 또 다른 창의와 혁신을 부르는 마법 같은 힘을 지니고 있습니다. 처음에는 새로운 시도가 낯설고 실패의 두려움이 크지만, 과정이 반복되고 습관이 되면 그러한 시도는 어느새 조직의 '체질'로 내재화됩니다. 그때부터 창의와 혁신은 단순한 행동이 아니라 문화가 됩니다. 도돌이표처럼 스스로 되풀이되는 '창의·혁신의 선순환 구조'가 만들어지는 것입니다. 이 문화가 정착된 조직은 실험과 실패를 두려워하지 않으며, 매번 조금씩 달라진 해석과 표현을 더해 가며 더 나은 내일을 스스로 만들어 냅니다.

창의와 혁신의 본질은 시도와 실패 그리고 재도전의 반복입니다. 처음의 창의나 혁신은 언제나 어렵고, 실패 확률도 높습니다. 하지만 실패 속에서 배운 것을 분석하고 개선점을 반영하는 과정을 거듭할 때, 그 경험은 조직의 DNA로 새겨집니다. 이처럼 도돌이표의 반복 속에서 조직은 점점 더 단단해지고, 더 섬세한 혁신을 만들어 내게 됩니다. 결국 진짜 경쟁력은 한 번의 대성공이 아니라 '실패를 반복 가능한 자산으로 전환하는 힘'에서 나옵니다.

창의·혁신의 문화가 깊이 내재된 기업과 그렇지 않은 기업의 차이는 시간이 흐를수록 점점 더 커질 수밖에 없습니다. 이 격차는 단순한 성과의 차이가 아니라 문화와 시스템의 차이, 다시 말해 극복이 거의 불가능한 차이로 발전합니다. 혁신이 문화로 자리 잡은 기업은 2등 기업이 따라잡을 수 없는 속도로 성장합니다. 이것은 단순한 경영 이론이 아니라 실제로 세계 시장에서 증명된 현실의 법칙입니다.

이 논리는 기업에만 머물지 않습니다. 국가의 경쟁력에도 동일하게 적용됩니다. 한 번 후진국으로 전락한 나라가 다시 선진국으로 도약하기 어려운 이유는 경제력 자체보다 창의-혁신-성장의 도돌이표 사이클이 끊어졌기 때문입니다. 이 사이클이 멈추면 기술력과 산업 생태계, 교육과 문화까지 함께 쇠퇴합니다. 결국 선진국은 '혁신의 반복'을 통해 스스로를 재창조하지만, 후진국은 '혁신의 단절'을 통해 점점 더 깊은 수렁으로 빠집니다.

다가올 새로운 산업혁명 시대는 이러한 사이클의 유무에 따라 승자와 패자가 명확히 나뉘는 시대입니다. 한 번 우위를 점한 국가

4장
미래의 부와 기회는 생각하는 인간의 것이다

는 도돌이표처럼 창의와 혁신을 반복하며 지속적으로 성장하고, 그렇지 못한 국가는 시간이 지날수록 따라잡을 수 없는 격차를 안게 될 것입니다.

전략이 아닌 생태계로 바라보라

따라서 창의-혁신-성장의 사이클은 하나의 전략으로서가 아니라 하나의 '생태계'로 바라봐야 합니다. 생태계란 일부 요소만으로는 작동하지 않습니다. 창의가 없으면 혁신이 없고, 혁신이 없으면 성장은 존재할 수 없습니다. 그중 하나라도 끊어지면 선순환은 바로 악순환으로 전환됩니다.

정부와 기업은 이 생태계의 전 단계를 아우르는 장기적 투자와 정책적 지원을 마련해야 합니다. 창의 교육, 기술 인프라, 인문학적 가치, 윤리적 책임이 모든 요소가 균형 있게 맞물릴 때 사람을 중심으로 한 가치 창출형 성장이 비로소 가능해집니다. 반대로, 그중 하나만, 이를테면 혁신만을 강조한다면 사람을 위한 것이 아니라 목표를 위한 기술로 전락하게 됩니다. 그 결과는 성장의 축적이 아니라 실패와 좌절의 반복이 될 뿐입니다.

창의·혁신·성장의 힘은 무궁무진합니다. 그러나 이 사이클이 끊어지면 그 힘은 아무런 의미가 없습니다. 일명 'M7'(Magnificent 7)로 일컫는 마이크로소프트, 메타Meta, 아마존, 알파벳Alphabet, 엔비디아, 테슬라, 애플이 지속적으로 성장하며 전 세계 시장을 주도하는 이유도 바로 여기에 있습니다. 이들은 하나같이 '창의-혁신-성장'의 도돌이표 사이클을 기업 문화의 중심에 두고 있습니다. 한 사이클이 끝나면 곧바로 다음 사이클을 준비하고, 그 과정에서 다시 새로운 창의가 탄생합니다.

이 순환이 완벽히 작동하는 기업은 정체되지 않으며, 끊임없이 스스로를 진화시킵니다. 반면 사이클이 끊긴 기업은 과거의 성공에 안주하며 점차 시장에서 밀려납니다. 4차 산업혁명 시대는 지속 가능한 사이클을 가진 기업만이 살아남는 시대입니다. 승자독식의 질서 속에서 창의·혁신·성장의 도돌이표를 얼마나 유연하고 지속적으로 연주할 수 있는지가 미래의 승패를 좌우할 것입니다.

도돌이표의 법칙은 단순한 반복이 아닙니다. 매번 더 깊고, 더 정교한 변주를 통해 인간과 사회를 한 단계 더 성숙하게 이끄는 창조적 순환의 리듬입니다. 결국 우리의 과제는 한 번의 혁신이 아니라 끊임없이 되풀이되는 '창의-혁신-성장의 선순환'을 국가와 기업, 조직의 DNA로 만드는 일입니다.

창의의 씨앗으로
혁신의 꽃을 피우리라

어릴 적, 저의 부모님은 추운 겨울부터 수확철까지 농사에 온 정성을 다하셨습니다. 그 모습을 지켜보며 저는 '결실은 우연이 아니라 준비와 성실의 결과'라는 삶의 원리를 배웠고, 그것은 훗날 이 책에서 말하는 창의와 혁신의 출발점이 되었습니다.

창의, 혁신, 성장을 농부의 마음으로 바라보면 이해가 한결 쉬워집니다. 농부는 봄이 오면 논밭을 갈고, 묵묵히 씨를 뿌립니다. 시간이 흐르면 그 씨앗은 싹을 틔우고, 여름에는 꽃을 피우며, 가을에는 결국 풍성한 열매로 돌아옵니다. 창의·혁신·성장의 과정은 이 자연의 순환과 놀라울 만큼 닮아 있습니다. 농부가 씨를 뿌리지 않으면 가을에 수확을 기대할 수 없듯, 창의라는 씨앗 없이는 혁신이라는 꽃이 필 수 없고, 혁신이 없이는 성장이라는 열매가 맺히지 않습니다.

하지만 씨를 뿌리는 것만으로는 충분하지 않습니다. 씨앗이 자라기 위해서는 적절한 물과 햇빛 그리고 기다림이 필요합니다. 이 기다림의 시간 속에서 창의는 혁신으로, 혁신은 성장으로 자라납니다. 그리고 농부의 땀과 인내는 마침내 풍요로운 가을로 되돌아옵니다. 이 과정에서 어느 하나라도 잘못된다면 농부는 겨울의 혹독한 바람을 피할 수 없습니다. 조직도 마찬가지입니다. 창의가 메마르면 혁신이 멈추고, 혁신이 사라지면 성장은 더 이상 이어질 수 없습니다. 따라서 우리는 농부의 마음으로 끊임없이 씨를 뿌리고, 가꾸고, 기다리는 자세를 잃지 말아야 합니다.

빨리 가는 기술보다 깊이 생각하는 태도로

창의와 혁신은 이제 조직의 성장과 소멸의 속도를 완전히 다른 차원으로 바꾸어 놓았습니다. 1960년대만 해도 S&P500 기업의 평균 수명은 약 60년이었으나 지금은 불과 15~20년으로 줄었습니다. 그 사이에 테슬라, 아마존, 구글 같은 기업이 단 20년 만에 세계 질서를 바꾸어 놓았고, 한때 혁신의 상징이던 노키아와 코닥은 창의의 불씨를 잃은 채 역사 속으로 사라졌습니다.

이토록 기업의 수명이 짧아진 이유는 기술 변화의 속도 때문입니다. AI, 클라우드, 플랫폼과 같은 신기술에 얼마나 빠르고 유연하게 적응하느냐가 생존과 소멸을 가르는 결정적인 변수로 떠올랐습니다. "10년이면 강산도 변한다."라는 말은 이제 옛말이 되었습니다. 지금은 10년도 채 걸리지 않아 산업의 판이 완전히 뒤바뀌는 시대입니다. 기술의 변화는 가속도가 붙어 예측조차 어려운 파동처럼 세상을 휩쓸고 있습니다. 이 불확실성은 누군가에게는 두려움으로, 또 다른 누군가에게는 기회의 문으로 다가옵니다. 그리고 그 문을 열 수 있는 열쇠는 언제나 창의와 혁신입니다.

우리가 살아가는 지금은 급속한 성장과 급속한 쇠퇴가 공존하는 시대입니다. 성장은 단숨에 찾아오지만, 쇠퇴 역시 한순간입니다. 이럴수록 더 필요한 것은 '빨리 가는 기술'이 아니라 '깊이 생각하는 태도'입니다.

창의의 씨앗을 혁신으로 틔우고 성장의 봄을 맞이하길

창의와 혁신을 두려워하지 마십시오.

창의-혁신-성장의 사이클 속에서 실패는 낙오가 아니라 다음 도돌이표로 이어지는 학습의 과정입니다. 시도하고, 다시 시도하는 리듬 속에서 우리는 더 단단해지고, 더 현명해질 것입니다. 스캠퍼와 같은 창의적 사고 훈련을 일상과 업무에 녹여 내는 노력은 우리의 창의 지수를 조금씩 높여 줄 것입니다. 그 작은 변화가 개인에게는 '파워 시프트', 즉 돈과 권력이 이동하는 새로운 기회의 지점이 되고 기업에게는 지속 가능한 경쟁 우위가 되며, 사회 전체에는 더 나은 삶의 질로 이어질 것입니다.

이제 우리는 알게 되었습니다. 창의·혁신·성장은 결코 멀리 있는 거대한 담론이 아니라 우리의 일상 속에서 천천히 길러야 할 삶의 태도라는 것을 말입니다.

창의는 생각의 씨앗이고, 혁신은 그 씨앗이 꽃을 피우는 과정이며, 성장은 그 꽃이 맺는 열매입니다. 겨울이 아무리 길어도 봄은 반드시 돌아옵니다. 그리고 봄은 언제나 먼저 씨를 뿌린 사람에게 찾아옵니다. 이 책을 덮는 지금, 독자 여러분의 마음속에도 하나의 씨앗이 쥐어져 있을 것입니다. 그 씨앗이 새로운 생각일 수도, 작은 용기일 수도, 혹은 당신 자신일 수도 있습니다.

이제, 그 씨를 심으십시오. 물을 주고, 기다리고 또다시 도전하십시오. 그러면 언젠가 당신의 계절이 찾아올 것입니다. 그리고 그 계절의 이름은 '성장'일 것임을 의심치 않습니다.

창의, 혁신, 인간

AI 시대, 미래를 바꾸는 인간적 사고의 힘

초판 1쇄 인쇄 2026년 4월 1일
초판 1쇄 발행 2026년 4월 10일

지은이 고재연, 배현기
편집 김지연　　**표지, 본문 디자인** 푸른나무

펴낸곳 더 와이즈
출판등록 2024년 12월 11일 제2024-000137호
주소 서울시 송파구 백제고분로 23길 29, 301호
전화 02-854-8165　　**팩스** 02-854-8166
이메일 thewise.book.press@gmail.com
네이버·인스타그램 @thewise_books

ISBN 979-11-984647-6-7 (03320)

*책값은 뒤표지에 있습니다.
*잘못된 책은 구입처에서 바꿔드립니다.

더 와이즈는 '더 현명하게, 더 넓은 눈으로 세상을 바라보는 사람들을 위한 책'을 만들고 있습니다.
함께 펴내고자 하는 독자 여러분의 소중한 아이디어와 원고를 기다립니다.
간단한 기획안이나 원고를 연락처와 함께 이메일(thewise.book.press@gmail.com)로 보내주세요.

인간적 창의와 혁신이 게임의 룰을 바꾼다

변화의 중심에는 언제나 스스로 사고하고
새로운 길을 발견하는 인간의 힘이 있다

이 책을 향한 찬사

앞으로의 부와 권력이 '정보'에서 '생각하는 사람'으로 이동한다는 것을 일깨워준다.

박종석 (금융결제원 원장)

불확실한 환경 속에서도 창의와 혁신을 통해 성장의 길을 열 수 있다는 저자의 확신은, 기업인뿐 아니라 개인에게도 큰 울림을 준다.

김학수 (넥스트레이드 대표)

학문과 산업의 경계를 넘어, 더 넓은 세상으로 나아가려는 모든 사람을 위한 필독서다.

신인식 (KAIST 전산학부 교수)

창의와 혁신을 통해 성장의 길을 찾고자 하는 모든 이에게, 그리고 매일 같이 새로운 해법을 찾아 분투하는 모든 경영자에게 이 책을 강력히 추천한다.

정명석 ((주)창명 회장)

이 책을 읽고 '생각하는 사람의 시대가 다시 돌아왔다'는 확신을 강하게 느꼈다.

임남철 (지트에듀케이션 대표)

값 20,000원
ISBN 979-11-984647-6-7 (03320)